LOS DOCUMENTADOS

Publicaciones
Boreales

Primera Edición, septiembre 2005
Segunda Edición, octubre 2010
Tercera Edición, noviembre 2017

Publicaciones Boreales
Carolina, Puerto Rico

Contactar a la autora en

yolanda.arroyo@gmail.com

http://narrativadeyolanda.blogspot.com/

LOS DOCUMENTADOS

Antes

La puesta de sol fue hace muchas horas. La línea trazada con el dedo sigue el largor de la Caserola mientras él se ríe. Ambos se acomodan sobre las ramas. Vuelven a hacer un trazado imaginario sobre la superficie de ónice. La Caserola. De ahí a la estrella polar. Luego al contorno del Carro Menor, curveando de nuevo hacia el inicio. No me hagas cosquillas. Eres muy chistoso. Me gusta cuando cantas. Continúan desde Polaris en la misma dirección, por más o menos la misma distancia, y llegan entonces a la constelación de los cinco brillantes en forma de "W." Casiopea.

La madrugada los descubre montados sobre el mangle. Hoy no contaron ni uno solo. No han visto llegar a ninguno. Deciden caminar hasta la cueva. En ella él promete encontrar una culebra de mar, de esas que flotan sobre la marejada y que se arrastran sobre las rocas. De esas viscosas y de colores. De las que bailan con un palo que las provoca.

Un bulto tirado sobre la arena llama la atención de ambos.

Inicialmente no se mueven. Luego, poco a poco se acercan. El bulto respira. Deja ver el relieve de sus costillas, parte del rostro y el cabello. No parece haberla pasado nada bien. Tiene golpes, moretones, y porta un tatuaje algo raro en la muñeca. El tatuaje tiene forma de árbol. Surcos de raíces y ramaje de color sargazo.

Deciden arrastrarlo hasta la cueva. De camino encuentran pencas de palma y lo colocan sobre ellas para que no se haga daño. Lo arrastran más fácilmente hasta llegar. Un bote hecho trizas color azul, da contra las espumas de la orilla.

1

Y llegué a oír el sonido de sus alas
un sonido como el de vastas aguas,
[...] el sonido de un tumulto,
[...] el sonido de un campamento.
Ezequiel 1:24

Intentan huir, como siempre. Así hacen todos los que desembarcan y se adentran en el manglar. Siguen una bitácora imaginaria, recorren un mapa inventado. Corren. Tocan tierra firme. Una tierra que a principios de siglo aún poseía hatos; ahora con el paso de las nubes se ha ido transformando en tierra de labor. Una tierra que ha visto los pujos de tantas mujeres híbridas; criollas, mestizas. Corren adentrándose, pisando el esqueleto de alguna estancia de café, de alguna hacienda con trapiches de bueyes como alfombra ancestral. Antes había sido recorrida y disfrutada como finca dedicada al cultivo de tabaco y algodón; ahora hecha un fósil de pisadas que escapan.

Corren con desespero. Como si estuvieran desembarcando una carabela atiborrada de colonizadores. No hay un tercer oficial de brigada capaz de ayudarles a pasar la ventisca. Como si el tiempo se les escurriera en la búsqueda de un terreno encantado en donde la equis ha de marcar el tesoro, palean la arena con los pies en una caminata de zozobra. Aplaudirán al tocar tierra firme, como si estuvieran en frente de algún malabarista capaz de dirigirlos a brincar el paseo tablado roído, el muelle desgarbado e infinito, o quizás hasta el desmerecido puerto, apoyados en alguna morada de madera sin red y sin malla que les vea saltar.

Sus pasos a veces se detienen no por mucho tiempo, como si alguien hiciera una reverencia y les tendiera la mano para que continúen el trayecto por encima de la barandilla; algún noble o doncella, algún príncipe o princesa. Antaño quiere apoderarse de sus ilusiones. Luego aceleran. Dotados de un poder inexistente que les escolta hasta llegar a algún puente incorpóreo. Siguen la travesía, permanecen en la carrera.

La playa como timón fosforescente de un barco, con un rumbo forrado de azules brújulas, de huellas de un buque que en medio de la oscuridad navega el arenal. El arenal hecho pedazos, levantado en vilo, destrozado con huellas de todo tamaño. Pies grandes, pies medianos, pies pequeños escalando rápidos de la ensenada. Chispetazos de arena. Cascadas de pies, y la oscuridad como un compinche. Oscuridad etérea que no estorba la vista, ni el recorrido, ni la escapatoria.

2

Describo su retoñar como un grabado de jeroglíficos que intenta garantizar la valía de sus actuaciones. Simplemente eso es lo que hago. En ocasiones ni siquiera tengo que mirar el papel para hacerlo. Nace instintivo. Únicamente escribo, escribo, escribo, mirando hacia delante, viéndoles correr, correr de la vida, correr del viento, correr del mar, ¿correr de mí? Y sí.

Algunos me ven trepada y corren aún más, aún con mayor fiereza, aún con mayor miedo, puesto que el miedo es el mejor combustible para hacer a la gente escapar.

Me pasan de largo, dándole duro a las piernas y a los brazos, recortando el sereno de la noche, con la oscuridad de frazada, tan esencial para asegurar el escape. Avanzan sus extremidades en mitad de la carrera y sudan, —algunos empapados en el pavor y la sorpresa por descubrirme, —tanto que varios se desvanecen y se caen. Se vuelven a poner de pie, sólo para volver a caerse más adelante, o regresar a recoger a alguno que otro caído más atrás.

En eso son muy solidarios, en la ayuda que ofrecen a los demás del grupo aún sabiendo que pueden atraparlos a ellos mismos o a todos. Pero una vez levantados del suelo, la mayoría cortados y sangrando por las heridas, con moretones en las encías y las rodillas en carne viva, continúan la huida concientes de no querer regresar. No desean regresar.

Entonces, en el peor de los casos, si no se ha logrado una buena coordinación, aparece la policía, y el miedo que han sentido hace un momento al observarme allá arriba trepada, cuando corriendo me han pasado de largo por debajo, es relegado a un segundo plano. Carece de la menor importancia. Entonces da lo mismo que yo esté encaramada en el mangle, como que no lo esté. Parecería de pronto que se vuelve transparente mi cuerpo, terso como las aguavivas, y mi presencia en las alturas deja de tener todo sentido. Y me convierto en medusa. Mudo de cuerpo y me transformo en un ser de aspecto acampanado, diáfano. Soy entonces una sombrilla de tentáculos colgantes con bordes que absorben todo a su alrededor y que luego entre zarpazos de carbón lapislázuli, traduce a letras el acontecer. Se mimetiza mi fisonomía de pronto en aquel celentéreo libre y traslúcido de las profundidades, cuyo órgano auditivo, aseguran los científicos, puede predecir la llegada de la tormenta hasta catorce horas antes de lo que puede hacerlo un barómetro común. Y sin embargo, no emite el menor de los ruidos. Justo como lo haría yo.

Mi vista amplifica el entorno y destapa el radio de operación como si yo estuviera desde un aeroplano; el bosque de mangles como toda una selva. Siempre verde, siempre salada, consistente en los islotes de fango y los estuarios de limo. Todo entretejido de bahías poco profundas, lagunas y riachuelos de un protagonismo escondido.

Se dan cuenta de mi presencia sin detener el paso aligerado y a toda prisa. Me ven en su irremediable transitar de escapatoria pero nada sucede, me pasan de largo. Y yo escribo. Escribo todo lo que acontece y documento todo cuanto perciben mis sentidos.

Los colores pasteles o chillones del cuadro manglar presentan una pared casi impenetrable de troncos y raíces, torcidos y enredados. Yo olfateo sus sistemas de raíces que forman un enredo de arcos. Por encima de la superficie del agua, los bulbos caen en cataratas hacia diferentes direcciones y se llenan mis orificios de esa sal, de las palancas de los cangrejos, del violín adjuntado a los jueyes de mangle, con su distintivo color más oscuro que el resto, y sus ojos embotados, esféricos y antenados al ras de un caparazón que hiede y que sale durante la marea baja, y que palidece y regresa a su hoyo durante la marea alta. Se hacen oscuros y claros según el reflujo y flujo de las olas, de la salinidad del rompeolas, de la luminosidad de la marea.

Escribo sobre los que se escapan con el mismo fervor que documento a los jueyes y a las aves que pueden navegar gracias al Sol y a las estrellas, astros que cambian de posición a medida que el tiempo pasa, y que sirven para esgrimir latitudes y marcar constelaciones. Escribo sobre sus relojes internos, sobre sus marcapasos ecológicos, sobre el tiempo de arena que se nos acaba a todos, a criaturas y a humanos, a seres de corta y larga duración, que carecen de poca o mucha libertad. En muchas formas de vida, desde las plantas más microscópicas hasta la propia gente, millones de relojes internos siguen marcando el tiempo. Siguen marcando el tiempo. Siguen marcando el tiempo. Y ese mismo tiempo se va.

Cuando comienza a caer la alborada y los destellos plateados colorean el lienzo marino, yo me bajo. Se acaba la carrera, se detienen las escapadas. Me descuelgo poco a poco y doy un beso a Humberto. Él se duerme y yo me marcho. Prometo estar de regreso después, y a esa hora me dirijo a casa antes de que den las siete de la mañana. Ya va siendo hora de acostarme a dormir.

3

La soledad es un crimen. Llena cada silencio con sus sinrazones.

Rafael Acevedo

Entonces duermo. Sueño con peces que poseen cuadrante y travesaño, que cargan maletines en mano y que portan salvavidas atados al gaznate. Sueño con diez mil aves y reptiles que pueden orientarse gracias al campo magnético terrestre, y que dan la vuelta al cuello para dejarse olfatear por mí. Logro colocar mis manos en su cadena de ADN y sobre sus células que detectan el norte, unas células llenas de magnetita y las pellizco con mis dedos. Sueño que con aquel imán me atraen de nuevo hasta la orilla y que bailo con una trucha arco iris, con un delfín y que camino sobre los tejados para descubrir luego en la cara de un pulpo, una fibra nerviosa que emite impulsos. Pulsaciones que siguen la trayectoria, el recorrido de los hombres y mujeres que escapan todavía y que llevan en sus orejas pantallas hechas con el hocico de los cangrejos, cuyas palancas gigantescas hablan un lenguaje mudo y de señas universal.

En mi sueño yo escucho, aunque no voces de personas. Escucho pulsares y sonidos que bombean; oigo el llamado de las mantarayas y las picúas. Escucho el recorrido de las venas y las arterias dentro de cada cuerpo y enloquezco. Los peces también escuchan y responden con ruiditos vibratorios, sensibles a la contaminación del agua y al aleteo viperino de las algas marinas. A medida que respiran, sus branquias generan minúsculas corrientes eléctricas que llaman mi nombre cientos de veces: ¡Kapuc, Kapuc! Trago plancton. Pero algo que no logro identificar estorba mis respiraciones y también las corrientes, y de pronto mis caderas producen fluctuaciones eléctricas inimaginables.

Y ya no duermo. Entonces permanezco en un semi-
sueño, en una doble vigilia con el agua salada entrándome a la
boca, intentando apaciguar la sed, una sed de tantos días, una sed
que me quema la garganta, me la deja en carne viva y que hace
competencias con las erupciones solanas reflejadas en pleno mar.
Reflejos que reverberan la piel de las mejillas y descascaran los
chamuscados labios; reflejos que hacen cuestionarme el valor de
aquel escape, que se me meten por cada cutícula de los dedos
como queriendo preguntar si aquello ha valido la pena. Y los
cristales volcánicos, eructados desde Montzerrat contestan siempre y todas las veces lo mismo: nada es más importante que la
libertad.

En ese punto casi siempre despierto, sudorosa y cruzada
en la cama. Respiro con pausa, tratando de devolverme el ritmo
al corazón nuevamente herido. Olfateo el hábitat. La casa en total
soledad para esa hora, casi medio día ya; la lluvia haciendo vibrar
las paredes debido al caer constante sobre las planchas de zinc; el
olor de las hormigas que intentan huir de todo lo que estuviera
mojado, rodeando los alrededores, subiéndose a la cama, a la me-
sita de noche con residuos de pan de maíz, a las migajas del plato
con revoltillo y al vaso de papel de piraguas, triangular e invertido,
volteado sobre la butaca. Todo me apacigua, mientras algo a lo
lejos me grita que estoy a salvo, otra vez a salvo. Me estruja en el
rostro que aquella es mi casa y que afortunadamente de ésta yo
nunca tendré que escapar.

Todo me calma, especialmente cuando me doy cuenta
que las pesadillas, aunque con demasiada frecuencia se han vuelto
una continuidad de lo visto o vivido en el día, terminan justo en
el momento de abrir nuevamente los ojos. Y eso es una dicha,
porque no a todo mundo le sucede lo mismo; desafortunadamente
no a todos les sucede igual. Entonces la cinta cinematográfica
redonda y de bronce, de círculos concéntricos que mueve la aguja
indicando el rumbo de la nave, deja de ser un panal de abejas formada por miles de prismas hexaedros.

Respiro aliviada, apretando las sábanas de la cama, y despierto de lleno.

4

Suspirando se puso de pie y recogió aquella, su pocilga querida.   Fregó los trastes, pasó mapo al suelo sin lozas y deslizó un paño mojado por sobre las superficies del cuarto mientras recitaba un cuento sobre astrolabios y otros antiguos instrumentos para observar la posición y el movimiento de las galaxias.

Luego continuó el aseo en las otras habitaciones, comenzando por la de Vitito.   Echó calzoncillos al cesto de la ropa sucia, limpió las colillas de cigarrillo, las latas de cerveza, y se deshizo de los papeles triturados que antes habían mostrado alguna figura de Rock & Roll demoníaca rodeada por la furia y la frustración camufladas en algún collage incomprendido.   Más adelante entró al cuarto de su mamá, el cual se hallaba prácticamente inmaculado a excepción de una masa roja, amorfa en una de las esquinas que ahora convenía en ser esperma de vela quemada pero que antes se había erigido como altar de adoración al Gran Poder de Dios.

Abrió el ventanal y olfateó la marejada salada a lo lejos. En Playa Tereque habría vientos de tormenta tropical muy pronto; no tan pronto como la llegada de los próximos documentados a tierra firme, pero si más pronto del arribo a su próxima emisión de sangre en ciclo lunar; la menstruación siempre como un relojito.   El vendaval llegaría culebreado por ráfagas amplias y promontorios de vientos rebeldes que en gitanesca provocación jugarían a volverse huracanados, y mantendrían a la Isla en ascuas, y cobraría la vida de muchos de ellos, a mitad de camino.   Coquetearían con el oleaje, gritarían bomba y plena con la marejada y las nubes desfilarían en pasarela envueltas entre rayos y relámpagos.

Pasó el paño lleno de una mezcla casera de lestoil y clorox por algunas de las rendijas, que a pesar del extremo aseo, insistían en quedarse pegadas a las esporas de polvo.

Culminadas las tareas, fatigada y cansada a estas alturas, se retiró al balcón, y desde allí contó las últimas gotas de la llovizna. Que no eran muchas, pero que sí eran suficientes para inhalarlas de lleno, para llevarlas hasta los pulmones, para aspirarlas y describir con lujo de detalles en que otros lugares antes de aquel habían estado, dónde se habían formado, cuándo habían logrado evaporarse, o en su defecto, condensarse antes de la succión que de ellas harían sus narices, antes de desaparecer dentro de su cuerpo.

Nuestro maravilloso techo, el cielo, era una de las más hermosas escenas cambiantes sobre la faz de la Tierra. Kapuc sabía por experiencia que ningún cielo repetía el patrón de algún otro. Que lo que se atestiguaba bajo la neblina de un amanecer, jamás igualaría el rocío de alguna otra mañana.

Su alcance y grandeza simplemente sobrepasaba todo cuanto se podía emular. Kapuc desfallecía casi siempre envuelta en el majestuoso y colorido panorama infinito del cielo.

Onduladas nubes blancas, semejantes a algodón llamadas "cúmulos," proclamaban un excelente día de primavera; las jubilosas masas semejantes a plumas denominadas "cirros" indican que ha llegado el verano, y un elegante manto otoñal de nubarrones que parecen lana de borrego pronostican la proximidad del invierno en una capa de "calvus capilatus" por lo redondeadas y angostas. Y el olor que expulsan amarradas del oriente, germinan el resplandor dorado que anuncia el alba, o atraen hacia el poniente un tufo atiborrado de cielo carmesí cuando se despide el día. Todos olores y esencias distintivas y únicas que Kapuc ha aprendido a reconocer con el paso de los años.

En Camuy, la belleza de la noche y su cielo es aun más magnífica cuando la adorna el esplendor de las estrellas y la balancea la luna. La gloria intensa de la noche se acrecienta cuando la aurora polar que Kapuc olfatea desde los polos, teje un delicado tapiz de colores a gran altura que a ella le encantaría ver, pero que se conforma con oler meramente desde allí, desde Playa Tereque. Cada vestidura del cielo toma una infinita variedad de formas, todas deslumbrantes obras maestras de belleza, todas creaciones de arte perfecto.

Casi diariamente desfilan por la vía ancha del cielo nubes de todo tamaño y descripción, a la vez que se deciden derroteros de vidas y se dan por terminadas varias existencias. Nubes esponjosas, nubes ensortijadas, onduladas, nubes flameadas y aborregadas que empujan la creencia de mejores momentos en otras naciones. Que convencen al indigente a tomar las riendas de su porvenir asegurándoles que nada podría ser peor que lo que hoy experimentan. Nubes aromatizadas de un océano caribeño como gloriosos flotadores que van deslizándose silenciosamente, y que dan la impresión de que así mismo flotará la yola o lo que sea que se consiga para recrear una embarcación.

Kapuc lo sabe. Lo vive todos los días desde que tiene uso de razón. Hay nubes blancas con forma de pilares rodeadas de nubecillas dispersas, que se rezagan, como los nubarrones, hijos asustados a merced de alguna tempestad. Hay nubes onduladas cuyas formas son dignas del mejor escultor que recuerda las velas de algún yate poderoso, que se muestra primero de modo fraudulento y que luego se retira para lanzar a la gente en algo más rudimentario y arcaico, si fuera posible en maderos destrenzados. Hay nubes enormes que se asemejan a gigantescas coliflores o a enormes yunques blancos y que atrapan la necesidad de una clase oprimida, de una etnia olvidada. El olor de esta etnia es amargo y salobre; Kapuc lo inhala cada vez que corren desbandados debajo de sus pies.

5

Los rostros tan cansados como iluminados por el sudor reflejan en la luna una secreción de luz que chapotea, una excreción que se dispara no sólo en el agua salada de los arrecifes que los ven correr, sino también en la pegajosidad del propio manglar que se permite ser cómplice. Y en el principio de aquellas tierras con tanta historia, seis haciendas que ahora no existen: La Monserrate de 30 cuerdas, fundada en 1880 por Pedro Amador; La Juanita de 80 cuerdas, fundada en 1883 por Juan González; La Reforma de 30 cuerdas, fundada en 1862 por Gregorio Rods; La Socorro, de 50 cuerdas, fundada en 1855 por Manuel Amador, y La Sabana, de 60 cuerdas, fundada en 1881 por Visente Machado. Ninguno al parecer conocedor de tales génesis. Todo lo que importa es seguir chapoteando los pedazos de arena. Ninguno dueño o capitán de su propia vida, pero intentando serlo. Traspasando el mando o tomando el del otro, como los navegantes griegos de antaño, o los capitanes visigodos, o los merodeadores vikingos acabando de inventar alguna travesía. Esperanzados ante todo por la aparición de algún tesoro desbordado en monedas de plata y oro para la compra de la propia libertad.

La imagen de fondo, —los montículos arenosos marcados por las piernas de tropel, —son un caleidoscopio de negruras y profundidades, de osadías y valores. Corren lo mismo grandes o chicos, hombres que mujeres. El impresionante manglar es todo un terreno edificador de sueños y expectativas, todo un ecosistema marino que se ha detenido desde centurias para descansar en aquella playa. Atalaya que se traga la maleza salada, con su laberinto de raíces enredadas agarrando el barro y la arena pringosa. La perspectiva de guarecer. La de cobijar, la de guardar secretos y hacer que las pieles tostadas por los días a la deriva, reverdezcan con la calamidad tachada. Copados todos ellos con el máximo deseo de renacer.

El manglar y lo que en él acontece desdibujaba un importante eslabón en la cadena de sucesos y de criaturas terrestres, y de criaturas marinas que se alimentaban unas de otras y que encuentran abrigo bajo la cubierta protectora de las plantas en las dunas. Las pisadas son lavadas por la marea. Reencarnación inmediata son al tocar tierra firme con las plantas de los pies. Deditos enterrados, cortados, mutilados por los días de mala postura, por los calambres que no han sobrevivido al navío. Argollas mohosas, brazos lacerados; grilletes que se niegan a dejarlos atrás entre los muslos extenuados. Pero la libertad siempre afloraba abriéndose como mariposa vomitada de su capullo. Entonces escribir y documentarlo todo desde las propias alas, sentada en uno de los ramajes del manglar, es un deleite.

Yo los veo. Tocan tierra seca y olvidan como por arte de magia lo accidentado del viaje, las pérdidas en el camino, las horas desesperadas en mar abierto, la deshidratación, el hambre. El manglar los socorre indudablemente. Se abre paso ante sus ojos, mis ojos, nuestros ojos, como un camino de viajeros lodoso, si bien viscoso, transparente y con adoquines dorados que los atraen hacia un único e indivisible sueño. Todo lo que importa es correr en este sueño. Traspasar de la quimera a la ensoñación y de ahí a la vigilia. Correr y salvar la vida. Correr y que no te devuelven. Correr para olvidar de dónde había partido, fracturando el recuerdo del origen, del comienzo, llevando de norte en una brújula alimentada por los vientos, por las ganas, tan sólo el anhelo de lo nuevo y la expectativa viva, cruda; aquella misma que tanto han engordado, —tanto y por tanto tiempo, —y que ahora parece teñirse de más verde esperanza que nunca.

El insomnio haciendo de las suyas en la madrugada; los bostezos levando anclas entre mis dientes. Mis ojos muy abiertos, atentos a los corredores, a los maratonistas. Los persigo con la mirada insomne. Nada se puede hacer; escapar sigue siendo lo primordial. Entonces aunque me ven, me ignoran. Aunque me descubren, me olvidan. Yo no existo.

6

Es mediodía en la farmacéutica. Karen mira el reloj de su muñeca y se percata que aquel ha sido el almuerzo más rápido del oeste. La ensalada Cesar con diet Coke se le ha quedado en una muela, pero al menos se siente complacida ya que esto le ayudará a bajar las últimas siete libras que le quedan de su régimen. Cerró su fiambrera y echó la lata al bote de reciclaje de aluminios, tirando la misma como si fuera una bola deportiva, y como si fuera el recipiente un canasto de baloncesto de cuando estaba en la High y jugaba aquel juego de marimachas obligada por misis Gadea, que si no lo jugabas, te plantaba una "F" más grande que la cara tuya en educación física, puesto que a la bucha ésa sólo le importaba ver a los cuerpos de nenitas adolescentes sudando alrededor suyo. Eso llenaba su estúpida existencia, el sentirse presa de caníbales africanos —las nenitas— siendo hervida por una olla al fogón, rodeada de jovencitas jadeantes. Lo único que hacía era observar, prestar atención a algún busto en desarrollo o a alguna cacha de nalga que se salía por el pantaloncito corto de calistenia, para de ese modo no tener que levantar la menor sospecha. Pero Karen la había descubierto observándola desmedidamente tanto a ella como a su mejor amiga Teresa, justo en la permuta de ropa cercana a la puerta de las duchas en el gimnasio.

Al principio le había únicamente molestado la actitud de misis Gadea, pero luego, cuando se lo había comentado a Teresa, viendo que a ésta tan sólo le divertía en vez de indignarle, se puso frenética. Y se juró que la siguiente vez que la tal seudo-maestra la mirara de modo tan ruin, le mantendría la vista en señal de reto. Eso precisamente hizo, lo cual desalentó a la mujer a volver a ligarla, aunque nunca había entendido Karen cómo a pesar de ello había logrado sacar una "A" en la clase, hasta que años más tarde, luego de todos haberse graduado de duodécimo, se encontrara a la maestra y a Teresa tomadas de la mano dando un paseo por El Morro. Quiso en aquel entonces lanzar a su amiga de la infancia justo por la Garita del Diablo de la fortificación sanjuanera, ofendida porque durante todos aquellos años habían compartido hasta la cama sin ella tener la menor sospecha, cuando sus respectivas madres les permitían hacer pajama parties entre ellas con otras compañeras de aula. Y claro, la duda se recrudecía a medida que se maseteaba el coco, traumatizada por la idea de que muy probablemente, Teresa la hubiera visto a ella con otros ojos. Eso la atormentaba. No entendía. ¿Cómo si había tanto hombre en el mundo se decidían por alguien con lo mismo que ellas entre las piernas? ¡Era ilógico!

Sin embargo, la lata se había encestado, quizás y en parte, gracias a la influencia atlética de aquella maldita mujer, que todavía al sol de hoy, nada más de pensarla le daba ganas de vomitar.

El reloj indicaba que le restaban aún cuarenta minutos para que culminara su hora de almuerzo en la fábrica. Se levantó de la silla y llevó de vuelta a su escritorio el recipiente vacío, ya sin lechuga romana ni queso parmesán. Allí en su cubículo la esperaba una computadora anunciando tres nuevos mensajes de correo electrónico. Los ignoró, los contestaría a su vuelta. Llegó hasta el estacionamiento y se recostó de su auto. Encendió un cigarrillo y fumó. Luego recordó que llevaba el periódico en el asiento del pasajero. Abrió la puerta y se sentó dentro, con el diario en una mano y en la otra el lujo mentolado que aspiraba bañada de ansiedades.

Leyó el titular de letras rojas succionando profundamente. AUTORIDADES DESCUBREN NUEVO ARRIBO DE INDOCUMENTADOS A LAS COSTAS DEL PAÍS. Cuando terminó de leer la noticia, encendió otro. Entre la pena y el espanto meditó sobre la situación de sus coterráneos antillanos de la otra orilla. Se dijo para si que era muy afortunada de haber nacido en esta tierra, y echó un vistazo al cielo camuyano. Aquel mediodía tan apacible en la casa, se diferenciaba del que presenciaba ahora aquí en la zona industrial, puesto que el primero siempre era uno lejos del bullicio de la civilización, de tal forma que brindaba la oportunidad de deleitarse con los sonidos suaves de la tarde. Una brisa ligera que hacía susurrar las hojas; los insectos chirriando entre filamentos y poleas que servían de brazos e instrumentos musicales; las aves emitiendo sus cantos en la distancia a pesar de no lograr deleitar todos los oídos. La ranita ruidosa. El indiviso entorno confabulaba para asegurar que aquel lugar era el mejor del mundo para vivir, aún en su estatus de mujer divorciada con dos hijos adolescentes. ¡Qué sensación tan maravillosa oír todos esos sonidos tenues, al compás de aquel pensamiento! ¡Qué pena que su hija no pudiera sentir lo mismo!

Recordó además que tenía esa noche una reunión con la directiva del comité del festival playero, hecho que durante los últimos meses había acaparado su atención más allá del papel clerical que jugaba en aquella fábrica de efectos farmacéuticos. Silbando caminó de vuelta al edificio. Antes de entrar en él, echó la colilla en uno de los zafacones y saludó a Humberto, el guardia de seguridad. ¿Qué vas a hacer esta noche?, le preguntó Humberto, sólo cuando se percató que nadie les escucharía, incluyéndola inadvertidamente en una complicidad indeseada.

Karen observó por un momento aquellas facciones a simple vista cubanas, que alguna vez la habían engañado, que alguna vez la habían confundido. La blancura de la tez de Humberto, su ferocidad de rostro y la sonrisa tan orgullosamente antillana como isleña, la habían desconcertado en un principio habiendo apreciado ella una nacionalidad que no era. Hasta el presuntuoso acento de su vacilante pronunciación le había enviado mensajes equivocados. Ah, tengo compromisos, contestó Karen. ¿Otra vez la nena?, preguntó él. Sí, otra vez la nena, lo siento,

Humberto, será otro día. Bueno, ni modo, cuídate hermosa. Cuídate tú también, Humberto.

7

Leí en alguna publicación que para el siglo XIII los hombres habían comenzado a dar uso a la aguja magnética que flotaba en una fuente llena de agua... la primera brújula rudimentaria. La misma que siglos después se continuaría usando para despertar anhelos astutamente dirigidos por partículas de magnetita.

La magnetita se ha hallado en muchos otros organismos escondida en algunas partes del cuerpo. Los experimentos indican que las palomas mensajeras pueden regresar a sus palomares precisamente mediante percibir el campo magnético del planeta por su uso, una de las maneras como las aves migratorias hallan su camino de regreso.

Sucede lo mismo con quienes corren ahora. La magnetita en alguna parte de sus cuerpos, yace ocultada. Quizás en su testa, o en sus labios, o dentro de sus pulmones, únicamente decodificando un mensaje, un recado disfrazado de magneto que los hace encontrar el rumbo ya escrito por sus antepasados con tinta indeleble: huir para ser libres, correr para vivir mejor, escapar emancipados... de lo contrario no vivir. De lo contrario morir en las aguas. Y en clave morse, aquel mismo mensaje, lo palpitaba el corazón vapuleado por sangre.

Se orientaban como las aves, determinando el rumbo a seguir en vuelo, con la brújula de agua imantada en el interior, girando hacia afuera, muy afuera de los límites territoriales que les amarraban a la pobreza, a la escasez de alimento e incluso a la esclavitud. Destinados a leer un mejor destino entre los naipes, sobre los ejes de caracoles, en alguna bola de cristal y señalando un norte metálico.

Los fuertes deseos de desaparecer de una isla, para reaparecer en otra es toda la magia que se necesitaría a bordo. Las náuseas durante el viaje no ganan, ni el dolor de pecho, ni los mareos constantes, muchos menos la deshidratación.

Y aunque la brújula que marca el punto cardinal del ensueño a veces se raja y se va a la mierda, los brazos como remos improvisados continúan dando larga vida a la sinrazón.

Entonces, en el mejor de los casos aparezco yo, colgada de Humberto, arrinconada entre sus ramas, escuchándole susurrar en mis oídos canciones que me calman y los calma a ellos al ras de arroz con leche se quiere casar. Canciones de chequi morena chequi, chequi morena fue, que a dónde va ese ritmo carambalemberecumbé, con libreta superior en mano, lápiz número dos de grafito de punta recién sacada y un pinche de tender ropa enganchado en el pelo, atrapando mis rizos.

Desde allí, enganchada en Humberto, yo los observo, como siempre, atentamente, mientras escribo subida en las ramas e intento anotar el talante de alguno, expresar todos los rasgos cuneiformes de otro, esperando se inmortalicen en mis páginas a raíz del enorme sacrifico libertario que realizan.

Camuy entonces se abre hacia nosotros, hacia ellos, expande las compuertas de sus cavernas para que los cuerpos desnutridos pernocten, entre el espinazo montañoso y las llanuras costaneras donde se encuentra un verdadero paisaje lunar. De la luna guindan hoyos sin salida en forma de embudos. Tales sumideros o colinas levantan sus faldas y los acogen, lo mismo que centenares de lomas calizas de forma cónica, aquí en el espacio terrestre. Redimen su extravío, lavan sus pecados tan rojos como la escarlata en la profundidad del espumarajo de las olas. Son gente nueva, con nueva vida. Entre monigotes y pepinos, Camuy esparce la garganta y los traga.

8

Nueve. Había contado nueve esta vez. Era la cantidad más baja en todo lo que iba de año. Kapuc volvió a realizar una nueva anotación en la libreta y luego se le quedó mirando a la hoja mientras mordía la goma de borrar del lápiz. Alzó los ojos buscando y se percató de un olor muy familiar. Hormigas muertas pegadas del techo.

El líquido hormonal que segregaban los insectos para dejar saber a la fila que viene detrás que hay hormigas muertas en el camino inundaba toda la casa. Ella podía percibirlo, como también podía percibir el olor del miedo, el hedor de la muerte ocultada y la esencia que despedían las personas para dejar saber su humor o el efecto que ocasionaban en otros congéneres. El olor de hormigas muertas era muy peculiar, sobre todo porque siempre venía acompañado de algún aviso.

Encontró la telaraña sobre el marco de la puerta y maldijo a la tejedora. De seguro se había dado un buen banquete. Había hormigas disecadas y aspiradas de toda sustancia interior en la malla estratégicamente construida, como también en los alrededores, pegadas a la pared y algunas hasta caídas al suelo. Kapuc las encontró todas, las tomó sobre su mano y se fue al patio. Allí las sepultó. Luego regresó a la casa, hojeó la libreta e intentó hallar alguna conexión entre esto y los nueve documentados que había contado la noche anterior. Nueve.

En momentos como aquel, Kapuc cierra los ojos y puede ver el cielo adornado de un regio dosel de azul, o de gris lúgubre, o puede inclusive imaginar el blanco resplandeciente. Trae a su mente el día que sin querer descubriera al árbol rodeado de babosidad salada, enterrado en aquel lodazal de espesuras. Playa Tereque lo mecía. Había huido ella también durante el nacimiento de la tarde, sólo que no tan lejos de su casa, decidida a llorar por la desdicha de su jornada. Se había sentido infame y sin valor con el nuevo diagnóstico del audiólogo. Nada se puede hacer, Kapuc, le había dicho; nada se puede hacer.

Había sido una tarde sumamente oscura. Después lo empeoró el que la luna no hubiera llegado. Sin luna y sin nubes aquel momento se marcó. Todos se dieron inmediata cuenta de lo que sucedía. La abuela Petronila para ese tiempo aún vivía, enjuagaba de agua con azúcar los rizos de Kapuc. Esto hará que tus rizos se conserven más tiempo, mi niñita, le decía la abuela Petronila y luego le daba un gran beso justo en el medio de la partidura. Cuando las luces de las demás viviendas se apagaron esa vez, la casa dio la impresión de estar a merced de un universo de estrellas refulgentes con libélulas alrededor de los quinqués. Tras terminar la abuela de peinar a la nena, la había llamado. Kapuc se había retirado un poco. La abuela Petronila había pronunciado su nombre, primero tenue, luego con la voz más grave. Kapuc no había respondido; permaneció de espaldas. Luego se enteró de que había dejado de oír.

Aparentaba que todo se había dado paulatino, puesto que en un principio su desarrollo había fluido normal, como el de los otros niños, pero en algún momento inadvertidamente, se había ido bajando su volumen de reticencia sonar. Había dejado de recibir sonidos, de procesarlos a nivel neurológico. Había cruzado la dimensión de ver al perrito abrir y cerrar la boca escupiendo, vociferando, sin escucharlo. Notaba el movimiento de labios de sus seres queridos sin percibirlos; discernía el zarandeo de quijadas sin distinguir emisiones verbales. Nada de oralidad.

Y aunque el médico defendía su teoría de que la pérdida auditiva se había dado de a poco, para Kapuc había surtido de

inmediato. De pronto. Sin la menor advertencia ni el tiempo necesario para su debida preparación. Sin aviso.

La madre de Kapuc había sufrido tanto, había llorado
tanto. Su hermano Vitito se había afectado un tanto más. La
abuela, aunque dolida, era la que mayores malabares realizaba para
intentar que su familia volviera a la normalidad sin lograrlo del
todo. Para que no se cayeran en aquel abismo. Pero el padre de
Kapuc fue quien peor lo tomó.

Recordaba que a sus ocho años había comenzado el descenso por un camino empinado, que llegaba a algo parecido a una
piscina de aguas termales situada en el fondo de un estrecho des-
filadero. A ambas orillas del agua humeante crecía la vegetación.
La balseada del río Camuy desde allí podía divisarse. La abuela se
había acercado un tanto a vigilar la nena, que mojaba sus piecitos
en las calenturientas burbujas. Había sido un largo día de viaje a
dos piernas para llegar hasta aquel lugar de distracciones del trabajo y la rutina del diario vivir. Ella y Vitito lo habían entendido
así, y de la misma forma lo habían agradecido a la abuela Petronila
y a sus padres. El cuerpo de agua, de cuyo fondo emanaba líquido
caliente a borbotones, se hallaba en el campamento para motoris-
tas donde pasarían la noche. La tarde anaranjada se caía, se caía.

Vi una estrella que cruzó el cielo a gran velocidad. Pero
no escuché llegar a la jauría de perros bravos que se acercaron a
mí tan pronto me salí del agua. Cuando me volví para disfrutar a
cabalidad del resto del cielo, tropecé y formé un gran chapoteo.
Luego observé pasmada cómo algunas estrellas se apagaban de
repente. Sí, desaparecían; y cuando expresé mi extrañeza al firmamento, apuntándolo con mi dedo índice, sentí el primer par de
colmillos clavados de la parte inferior de mis pies. De pronto sentí
como si hubiera yo causado un agujero en el universo.

Abuela corrió, y tomándome en vilo, alejó a los perros bravos de mis piernitas. Más no pudo hacer nada con las de ella, que quedaron expuestas a las fauces de aquel grupo de mordedores maleantes.

Mientras trataba de entender lo ocurrido, mis padres también acudieron y las estrellas fueron reapareciendo una a una.

9

Tan desilusionada como herida ante las trampas que ahora se proponía regalarme la vida, corrí con toda mi ansiedad. Llegué a la orilla de Peñón Brusi.

Siempre he dicho que uno de mis lugares favoritos del mundo si pudiera visitar algún otro país, sería Nueva Zelanda. Leo tanto como escribo y estudio tanto como me documento. Instruirme de las maravillas de otros países, —aunque poseo una enfermiza fobia por abandonar el pueblo en donde vivo hacia otros límites cercanos, —es uno de mis pasatiempos favoritos. La luciérnaga de Nueva Zelanda pertenece a un grupo de insectos cuya luminiscencia no está relacionada con el sistema nervioso, como sí ocurre con otros insectos de la misma clase, lo que no objeta el hecho de que pueda apagar y prender su luz a voluntad. Su órgano luminoso se aloja en el extremo de los tubos excretores, y una parte del sistema respiratorio de la larva hace las veces de reflector, lanzando la luz hacia abajo. Para apagar la luz, la larva restringe el oxígeno o las sustancias químicas necesarias para producirla. Es como si dejara de respirar, lo cual es una tontería, porque no respira en realidad. Pero podría compararse a una persona que de la noche a la mañana decide dejar de querer a otra, o a otras, así porque así. A voluntad. Es por eso que ese tipo de luciérnaga siempre me recuerda a mi ausente padre. Siendo lo más fascinante de la luciérnaga esa luz que se prende y apaga, trae a mi memoria el exacto momento en que mi progenitor decidiera irse de la casa y abandonarnos, porque vivir con la complicación de una niña con problemas de desarrollo como yo, equivaldría a un enorme sacrificio de tiempo y dinero que él no podría afrontar. Y no podría afrontarlo porque simple y llanamente no estaba dispuesto. No nos había querido lo suficiente, intuyo. Y aunque mi madre siempre había creído que yo no me había percatado de nada de lo que ocurría, yo sí siempre me percaté. Primero porque había descubierto en el olor que despedía el cuerpo de mi padre un nuevo olor a traiciones, un olor a luciérnaga que se apagaba.

Cada noche de aquellas, luego de su charla de despedida con mi madre, había traído a la casa y sobre él, un olor a otra mujer que no éramos ninguna de nosotras. Y aquel olor era tan particular como asqueante, porque aquella marca territorial que dejaba impregnada ese otro ser, me recordaba la preferencia de él por otra vida que no nos incluía a nosotros.

La tarde en que recogió sus cosas, la abuela nos había llevado a Vitito y a mí a dar un paseo a la playa, quizás para evitarnos la escena. Sin embargo, era realmente inevitable, porque a pesar de la distancia yo había logrado divisar la "luz al final del túnel" de la luciérnaga. El brillo que ella despide cuando está encendida, no es el signo prometedor del insecto inocente que se va acercando. A todas luces, esta irradiación se convierte en una trampa. El animalito entra volando en la cortina mortífera de fulgores, donde es hipnotizado en un principio y luego anestesiado gradualmente por una sustancia química que le impide hacer otra cosa. Una vez que mi padre, cual luciérnaga neozelandesa, percibió los aleteos vibratorios de la víctima —mi madre—luchando por librarse de aquel destino, su parte de larva maquiavélica se asomó colgando precariamente de la vida que habían tenido y que ahora asemejaba una hamaca, y sin la menor de las misericordias tiró del hilo pegajoso con la boca, devorándola entera, a la vez que se burlaba valiéndose de las contracciones de su cuerpo que se resistía mientras ella lloraba.

Descubro con el paso de los días que mi madre mantenía una peculiar relación con mi padre, que de seguro la incapacitaría a tener otros deseos de volar en pos de una nueva vida. Así como los machos adultos de las luciérnagas fecundan a las hembras en el momento en que estas salen de los capullos, y la hembra puede pasarse todo un día poniendo los huevos, uno por uno, después de lo cual muere, así mismo sucedió con mamá luego del abandono de aquel, su primer y único amor, el hombre con quien ella había apostado todos sus huevos mientras aún era una larva adolescente. Habiendo contribuido a la visión de una centelleante galaxia de deleite, el ciclo de vida de duración del diminuto portador de luz de Nueva Zelanda llega a su fin. Lo mismo que la vida de familia de nosotros. Había llegado a su fin sin ningún aviso de precaución en el camino. Por sorpresa. Quizás inclusive hasta por mi culpa.

10

Nada. Que dieron las tres de la tarde y Vitito llegó de la escuela. Tengo hambre, exclamó quitándose la polo blanca con la insignia y bajándose el zipper del pantalón. Kapuc le hizo una mueca y vociferó un Hey gurutal, que se disparó desacertado, intentando taparse la cara con las manos. Ya sé, ya sé hermanita, que no te gusta esto de que ande yo esnuándome tan pronto entro a la casa, pero es que hace un calor del cará. ¿Me oíste? ¡Calor! Ca-lor. Entonces hizo un gesto de caluroso derretimiento con los brazos y la cara, a modo de abanico resoplando. Kapuc insistió en estar molesta, le incomodaba aquella falta de respeto de parte de Vitito, dio un golpetazo en el suelo sin lozas con ambas piernas, como si fuera un salto de sapo, y todavía tapándose los ojos gritó con altibajos: ¡Eso malo! ¡No! Comida no, eso malo.

Vitito se rindió y continuó su rutina de cambio de ropa en su propio cuarto. Kapuc se dirigió a la cocina y puso a calentar lo que ya había preparado una hora antes.

11

Vitito me gusta, pero es tan estúpido a veces. Sabe perfectamente que las nenas no deben ver a los nenes en esos menesteres y sin ropa. Lo sabe. Mamá se lo ha repetido hasta la saciedad y aún así la ignora a ella, me ignora a mí y termina haciendo lo que le viene en gana. Es bueno tener un hermano mayor, sobre todo así como Vitito, pero también es molestoso estar rodeada por un varón que se cree el rey del hogar, a falta del verdadero heredero al trono, y que lejos de cooperar con la situación siempre está creando líos. Si Vitito sacara mejores notas y se paseara menos con esas malas compañías que a veces le rodean seguramente viviría más feliz, y apuesto a que mamá estaría más tranquila. Porque por culpa de ellos se mete en muchos problemas, sin embargo pareciera que no puede permitirse el vivir sin el Carmelo Caramelo y sin el Raúl Baúl. Vitito parece extrañar no haber tenido hermanos varones, aunque a mí creo que me adora y a veces me protege, sin embargo su relación con estas dos sabandijas es algo tan imprudente como curiosa.

12

Vete donde la hormiga, oh perezoso; mira sus caminos y hazte sabio, decía el proverbio y ello lo había aprendido a la perfección en las clases de la Biblia que en ocasiones recibía. Lo había escrito en su libreta con aquella letra tan elegante que usaba y se lo había dejado pintorreteado de crayones llamativos alrededor de las letras sobre la cama de Vitito, pero al parecer él no le había hecho ni caso. Prefería la pereza, ser un vago que discurre durante el día por los patios de la escuela y que a veces asiste a una que otra clase, y que por las noches se aventura a la juerga eterna con los chicos del club. Por eso a Kapuc le gustaban tanto los himenópteros, —las hormigas—por eso había aprendido casi todos sus hábitos de supervivencia y debido a ello conocía hasta sus olores. Quizás por lo mismo las prefería al trato humano, al trato con otras personas. Y el hecho de que hubiera varias referencias a éstas en las escrituras hebreas, sólo hacía mayor su fascinación por ellas. Eso no lo entendía Vitito.

No entendía cómo su hermana perdía el tiempo en nimiedades de esa índole, en sencilleces que no llevaban a ningún lado y que para completar desviaban la atención sin dirigir a nadie a ninguna parte. Si bien era cierto que le apenaba la condición de su hermana, la pobre, con aquel defecto y un mínimo de coeficiente mental, también era cierto que en ocasiones podía ser muy lista y utilizar tal ventaja en otros aprestos, en otras tareas. Por ejemplo, en la tarea de dejarlo en paz, porque mira que jode la Kapuc. Está todo el día jode que jode, limpia que limpia, regaña que regaña con aquel conjunto tan arcaico de manos y pies, y miradas y ruidos gurutales, como si tuviera la garganta atrofiada, ¡que no la tenía la muy idiota!, porque de pequeña verbalizaba frases hasta que un día se decidió a no volver a hacerlo. A Vitito le enfermaban aquellos ruidos ininteligibles y aquellos espavientos con brazos y piernas que lo avergonzaban delante de la gente. Odiaba que Kapuc intentara saludarlo en público, o lo llamase, o peor aún, que su madre le encargara llevarla a algún lugar. De locos era aquello, toda una mujercita de quince años siendo dirigida por su hermano de diecisiete a la plaza del mercado, o al centro del pueblo para visitar la biblioteca, o inclusive a esperarla frente a la fila del baño de algún centro comercial. Y si los panas lo veían con ella, era mortal. No aguantaba las bromas. Se ponía bravo y comenzaba a ofrecer o a repartir golpes. La insolencia llegaba hasta el punto de que en ocasiones la había abandonado a su suerte, dejándola sola y perdida. Entonces la madre había tenido que intervenir llamando a la policía para iniciar una búsqueda o tirándose en auto con un grupo de compañeros del trabajo hasta encontrarla atemorizada y vulnerable en algún paraje de Camuy, o en el peor de los casos, ya habiendo cruzado la frontera camino a Hatillo.

Vitito era así de desalmado, justo como el padre que había puesto pies en polvorosa tan pronto había visto el defecto que cargaría Kapuc no sólo para ella, sino para el resto de la familia como una maldición medieval sin alquimista ni brujo que rompiera el hechizo. Y es que no era fácil criar un hijo impedido, mucho menos con aquellas limitaciones de economía, ya que se necesitaba un buen fajo de billetes para sobrellevar la situación. Por un lado el gobierno se comprometía a ayudar en sus propuestas de campaña política, pero por otro lado y a la hora de la verdad, la burocracia administrativa ganaba lugar dejando en la indigencia a los más necesitados, así como en el caso de Kapuc.

Había sido mejor el criarla fuera de la escuela, siendo que dio tanto traspiés durante los primeros años mientras aprendía a leer y a escribir. Aunque era una muchachita brillante dentro de su condición, también era muy incomprendida por maestros y demás estudiantes, y Vitito tuvo que romper muchas caras defendiéndola. Pero al final de cuentas de todo ello se cansó aduciendo que él sólo era el hermano, no el padre, y que su madre debería dejar de trabajar para dedicarse a Kapuc o de lo contrario él se marcharía de la casa, que no sería ni el primero ni el último muchacho teenager en comenzar aquel peregrinaje. Karen, la madre, no había tenido alternativa, no podía dejar el trabajo, después de casi quince años en la fábrica, así que con el dolor de su alma había hecho de tripas corazones para la empinada tarea de la crianza de Kapuc en modo tan restringido y se había encomendado a Dios, aquel señorito de limitado poder y gloria que vivía en una esquina de la habitación de Karen dentro de unas velas coloradas que ella no dejaba de prender todas las noches, a pesar de sus constantes ataques de asma.

13

Tengo hambre, dije mientras aún me enjabonaba los so-
bacos. Espero que Kapuc haya cocinado suficiente, que a veces
la muy imbécil prepara migajitas de almuerzo o cena y yo me
quedo con un hambre perra, motivado en parte por la marihuana
que me ataganto a diario, lo acepto. No hay nada que dé más
hambre que fumar pitillos de cannabis sativa con sus hojas secas,
pero que extraordinariamente se siente uno tan pronto se llevan a
la boca y se aspiran los tallos resecos y las semillas envueltas en un
turro de papel bambú. A veces hasta me la fumo "sinse", sin se-
milla. A veces la mezclo con alguito más para prolongar su efecto.

La succión del cigarro de marihuana es tan diferente al
del cigarrillo regular, es como estar aspirando algo que en verdad
fue creado para permanecer en los pulmones la mayor cantidad de
tiempo posible y de pronto te brinda esa paz espiritual que buscas
en todos los rostros, en todas las caras, en todas las sonrisas que
no obtienes. Una de esas que nunca llega es la sonrisa de Sara.
Mira que es dura, durísima esta chica. Le busco y le busco los ojos,
intentando hacerla reír con alguna ocurrencia jocosa pero no lo
logro. La verdad es que es muy inteligente y tiene todas "A" en la
escuela y seguramente nunca se fijaría en un vago como yo, que
anda entre otros vagos como el Caramelo y el Baúl, y que se
acuesta con flejes de turno como la Elizabeth, pero como me gustaría tirarme al cuerpo una gata de esas estofonas, de esas que sólo
sacan buenas notas y cuyas faldas nunca están por encima de las
rodillas y que tienen cabellos largos parecidos a los de las pente-
costales, pero no, no es pentecostal, porque se pinta los ojos, se
pone delineador y a veces hasta usa lápiz de labio. Si fuera pentecostal no se maquillaría ni tampoco se recortaría la pollina, y ella
siempre se espunta la pollina y le cae a los ojos como si fuera una
cortina de baño, de esas que se abren y dejan descorrer el velo de

un cuerpo espectacular dentro de la tina. Porque mira que tiene un cuerpo maravilloso la Sarita, unas caderas de suculencia, unos pechos que si logro apretárselos algún día, jamás los pienso soltar. No señor. Que eso es lo que me hace falta, una mujercita así, una que me redima, que me cambie, que me convierta en un hombre de bien. En un hombre nuevo. A una así le prometería no fumar más mafú de por vida; a una así le juraría jamás volver a tirarme flejes como la Cristina, tan idiota y cabeza hueca, o la Violeta, que a cuenta de que su padrastro la sodomiza ha creído que me puede engatusar   dejándome tenerla de ese otro modo tan extraño. Y sí. Es muy extraño, porque parecería que casi se lo estás haciendo a un tipo, es como estárselo empujando a alguno de tus amigos; uyyy, ni hablar, que si estos dos se enteran alguna vez que he pensado en eso seguro me parten la madre. O tal vez, si estamos todos fumando ganja nos muramos de la risa, que sé yo. Todo es posible. Tengo hambre. Mucha hambre.

Veo a Kapuc terminando de servirme y siento que la vida de pronto es tan cruel que podría acabarse ahora mismo y yo no la extrañaría. A la vida, digo, el exterminio del resto de la raza humana, no a mi Kapuc, que es tan buena sirvientita y tan buena hermana y tan buena hija que nunca nos dejará y que supongo siempre se hará cargo de nosotros. Mientras me sirve la comida noto que de vez en cuando asoma su cabeza por la ventana, mirando al cielo nublado. Parecería que va a llover, pero con agravantes. Parecería que se avecina alguna tormenta. ¿Qué querrán decir del todo esas nubes que con furor se agrupan sobre el aire transparente por la región azul? ¿Qué instinto o maleficio las arrastra? "¿Qué esencia las mantiene?", me pregunto igual que como lo diría alguna vez José Zorrilla allá para 1842, según lo había vociferado la estúpida maestra de ciencias naturales una de estas últimas tardes. Tanto en tiempos antiguos como en tiempos modernos, los poetas han recurrido al firmamento y a las nubes como fuente de inspiración, según lo había mencionado Sara provocada por el comentario de la maestra. Yo la había mirado lujurioso, y ella, como siempre, me ignoró. "Incluso los habitantes de las ciudades miran al cielo para determinar el tiempo que va a hacer"— había añadido la muy tetona. Y claro, yo me había recordado que el hombre del campo siempre repetía el dicho aquel de: "Cielo aborregado, suelo mojado", o "Va'llover es un indio esnú y lo que le cuelga se lo coges tú". ¿Sería aquello solo un refrán? ¿O alguna vez habría existido un indio llamado "Va'llover" capaz de mirar el firmamento desde el campo abierto y profetizar aguaceros? ¿Acaso ya sabrían los taínos para esa época hace cientos de millones de años atrás, a esas alturas de la prehistoria y bajo los efectos de su total ignorancia, que un tipo determinado de nubes puede augurar tiempo bueno o malo? ¿Acaso fumaban marihuana los taínos? Me eché a reír estúpidamente y bostecé.

Que linda que eres Kapuc, has hecho mi comida favorita, le digo entrando al comedor todo empapado y dándole de palmaditas en los hombros para que sepa que ando cerca. Ella se voltea y sonríe. Olfatea y con una seña me invita a sentarme. Yo me tiro un ruidoso peo, me acomodo en la silla y trato de peinar aquel cabello indómito y rizado que a veces se apodera de mí. Pienso en Kapuc, en la pobre vida que le ha tocado. Una vida de esconderse y huir, de resignarse a nunca enamorarse, a no tener familia, a quedarse dependiendo siempre de mi madre, que es posible que nunca vuelva a casarse dedicada como está al cuido de Kapuc después de sus tareas del trabajo. Me da pena todo ello, y me convenzo una vez más que eso no es lo mío, que no pienso quedarme a vivir aquí este simulacro de existencia, en medio de este antro de la locura. Que lo mejor será graduarme, buscar un chivito en algún taller de mecánica, —para estar cerca de los autos y tomarlos prestados de vez en cuando, —decidirme a noquear a alguna gata, tú sabes, preñarla y que se dedique a su marido, y no volver a preñarla porque tener muchos hijos es un delirio, pero salir lo antes posible de aquella depravación. Sí, porque es depravado ver tanta miseria, rodearse de ella, de gente que se mofa de tu familia, que se burla de tu hermana y viendo todo ello lo peor es aún permanecer allí, cerca de tal espectáculo. Hay que irse, largarse. Salir corriendo lo antes posible antes que el sistema te trague y te vuelva un robot, un autómata como ellos. Kapuc, hermanita linda, échame por favor más arroz con salchichas. Empieza a discutirme con ruidos de garganta. No me discutas, bájame los brazos, mamá está a dieta, seguro que mucho de esto no lo comerá. ¡Kapuc, Kapuc, te estoy hablando claro! ¡No! Mierda, no me pidas que te hable con las manos. Mierda, no me cojas las manos, no me toques, pendeja, no pienso hacer señales como si yo fuera un mono. Sólo mírame. ¡Oye, hey! ¡Mírame, Kapuc que para eso eres buena, para mirar! Léeme los labios, que lo haces muy bien. Anda, dale, si hasta pareces gente, si hasta parece que eres normal cuando los lees. Quie-ro-más-arroz-con-sal-chi-cha. ¡Más arroz! Anda, sé buenita, que tengo hambre. Anda sé una buena hermana y te prometo que te voy a querer más. Deja de huelerme. ¡Eso! Que linda que sonríe mi hermanita del alma. Eso, se una nena buena y dame más. Ay, Kapuc. Gracias. Eres genial. Eres grande. Esa seña sí te la hago con las manos, ¿ves? Palma de la mano al mentón, y de ahí diagonal, diagonal y luego hasta abajo. ¿Ves? ¿Te ha gustado mi "Gracias"? Eres la mejor hermana Kapuc, eres linda. Ahora vete al carajo y déjame comer en paz.

14

Me gusta mi madre, es hermosa y jovial. Sobre todo me comprende y se ha sacrificado por mí y por Vitito todos estos años. Es una buena madre, pero a veces es demasiado humana y deja de ser mamá para convertirse de pronto en Karen, la mujer de cuerpo hermoso y voluptuoso que muchos hombres anhelan. El año pasado participó en el Festival playero de Playa Tereque que se celebra en Camuy durante el mes de julio, y logró el primer lugar en la competencia de bikini. Todas las demás concursantes, jóvenes y en pleno mocerío la envidiaron. Perdían contra una mujer que había portado dos barrigas, dos embarazos, y que ahora no tenía un solo gramo de celulitis o un solo rincón de estrías en todo su cuerpo. Ella decía que era genético, puesto que no ostentaba ningún secreto de belleza y mucho menos ningún régimen extraordinario que no fuera aguantar la boca y evitar el arroz. Yo por eso cuando cocinaba, siempre le preparaba una ensalada, porque entonces se comía su pedazo de carne combinada con pocos carbohidratos ahora que era famosa la dieta de proteínas Atkins. Karen no hacía tanto ejercicio, únicamente el necesario, puesto que a veces corría los fines de semana. Pero fuera de eso era una mujer muy normal.

A veces llora. Creo que aún lo hace por papá. No tengo muy claro el porqué de su partida a ciencia cierta, puesto que no estuve allí presente para escucharlo en su discurso de despedida, pero sí sé que coincidió con mi diagnóstico. Eso de seguro. No fue una casualidad. En ocasiones descubro a Vitito vociferando sobre las razones que tuvo nuestro padre para irse, como si aún le afectara, como si aún le doliera el abandono aunque no lo acepta de ese modo. Y yo le leo los labios y lo olfateo, y despide un olor a mentol. Se llena de ira y de rabia y arremete contra cualquiera de los amigotes suyos, o contra mi madre o inclusive contra mí.

Nunca he sabido a ciencia cierta por qué se mete conmigo, si yo procuro complacerlo en todo lo que puedo, pero creo que en el fondo se avergüenza de que yo sea su hermana. No me lo dice, pero puedo observarlo sudando nervioso cuando la gente nos ve juntos. Puedo percibirlo, como también puedo detectar el olor de la rabia saliendo por sus poros y ofuscándole la mirada.

Vitito siempre fue un chico problemático, aunque siempre ha sido muy querido y estimado por nosotras dos. A mí me gusta su rostro, tan parecido al de mi madre, aunque diferenciado por las marcas de acné que a la sazón le brotan sin que él le preste la debida atención. Es muy cariñoso cuando se lo propone, que son muy pocas las veces. Sin embargo han sido pletóricos los inconvenientes que ha traído de la escuela, con maestros, con otros estudiantes, con sus notas, con los directores. La situación mejoró mucho una vez salí yo del sistema de instrucción para ser recluida en mi hogar. Mamá entendía que la escuela de la comunidad no estaba preparada para atender mi caso, y la realidad era que no lo estaba, puesto que el esfuerzo que realizaba yo leyendo los labios y descifrando gestos era extremadamente tedioso y superlativo, y al final del día muy poco se lograba. La mayoría de las maestras estigmatizaban mi situación, adjudicándome un retraso mental desde leve hasta severo. Otras me consideraban una niña con síndrome Down, demostrando lo poco que sabían de esas enfermedades y su modo de atender a la población en vías de desarrollo educacional a su cargo. Para algunas otras yo era autista, y para el resto era simplemente la mudita. Quedaban de una pieza cuando azoradas se sorprendían con alguna vocalización mía tan propia, correcta y perfecta como la mejor de las oyentes. Entonces se ofendían, e iniciaban toda suerte de complicaciones, puesto que aducían que les habíamos tomados el pelo mi madre y yo. Únicamente una minoría comprendía del todo la condición de sordera, y por ende, las limitadas resoluciones a ese respecto, y las opciones viables para mi aprendizaje. Y aquel restringido grupo no permanecía mucho tiempo en los alrededores del Departamento de Educación debido a los bajos salarios y los pocos beneficios que se les ofrecían. Con demasiada frecuencia se mudaban hacia el área metropolitana, la empresa privada o inclusive hasta fuera del país, volviendo a dejar huérfanos de probabilidades a cientos de jovencitos que como yo pasan por lo mismo.

Se solicitó una cita con el Departamento de Educación, la división de educación especial y luego de pasar los cuatro meses de lista de espera, nos indicaron que deberíamos mudarnos para San Juan, donde existían las mayores probabilidades para mi completo desarrollo rodeada de profesionales y otros niños con mi misma condición. Mamá desistió de la idea, luego de reconsiderarlo por casi cerca de seis meses, tiempo durante el cual yo ya había perdido el año escolar vigente. Ella no podía irse así como así, puesto que su trabajo era la única fuente de ingresos permanentes de la casa, y al marcharse estaría perdiendo todos los privilegios adquiridos a través de los años: plan médico, plan de retiro, vacaciones todos los años pagadas, días abonados por enfermedad, bonos de compensación por performance, etc., sin contar que nadie le aseguraba que volvería a conseguir un empleo tan bien remunerado en otro pueblo.

Y en definitiva, considero que fue buena su decisión. Creo que nunca nos hubiéramos acostumbrado ni Vitito ni yo a la vida de la ciudad, específicamente a la de una metrópoli tan grande y habitada como la capital del país. Camuy, por otro lado, era un pueblo muy ejemplar, colmado de un sinnúmero de folclóricos lugares, cargado de ecología campestre y a la vez aledaño a la playa, lo cual era una tremenda terapia para todos nosotros. Mi madre se había criado allí, entre pocos familiares, pero era conocida por todos los vecinos, y eso la ayudaba a superarse cada día, aunque a veces llorara.

Lloraba por amor, estoy segura. Nunca quiso establecer una relación con ningún otro hombre mientras crecíamos, por miedo a lo que pudiera pasar. Siempre percibí que intentaba poner distancia entre los caballeros, como para evitar que alguno de ellos pudiera hacernos daño. A veces contaba la historia de su abuela, casada ya muy mayor y en segundas nupcias con un lugarteniente español de Arecibo. Este señor aprovechando las limitaciones del momento y el machismo feudal que circundaba la sociedad de aquel entonces, abusó de la hija de la viuda, o sea, de la abuela Petronila, y tan pronto quedó libre luego de enviudar —era inminente la muerte de su señora esposa, —contrajo entonces matrimonio con Petronila que para ese tiempo aún era menor de edad. Lo cual había redundado en una trágica vida llena de infelicidad y desamor para mi abuela materna.

Así que acordándose de esto, ella había evitado por todos los medios el ponernos un padrastro y exponernos a aquella situación tan difícil, eso a costa de su propia exclusión social de la vida de cualquier hombre que la rondara, que en su momento fueron varios, muchos, pero que ahora, ya pasados lo años y siendo que Vitito y yo estamos mucho más grandes, tan sólo se circunscribe a dos.

15

Pienso en el cinturón de seguridad que me asfixia y me mortifica tantas veces. Confinada en el vehículo mientras mi madre transita en ocasiones por las avenidas de Camuy, me doy cuenta por cómo baila en su asiento del conductor, de que escucha la música de Juan Luis Guerra y a sus avispas que imparten un castigo de picar a diestra y siniestra a todos nuestros enemigos, a modo de obedecer un curioso mandato divino. Supongo que eso debería consolarme. Eso. Saber que todos van a tener su merecido, saber que en el fondo todos la van a pagar aunque tal juramento se encuentre envuelto en una epidémica canción de merengue perteneciente a un documentado. Se me brota una lágrima, y no puedo contener alguna que otra corrida de mocos.

Hay una que no la pagará nunca, hay una que siempre saldrá victoriosa mírese por donde se le mire sin importar cuántos cuentos o leyendas nos sepamos respecto a ella. La muerte llegará, tarde o temprano. En medio de los manglares de mi tierra y sin importar si alguno de ellos se seca. Sin importar que tengamos o no la esperanza de una resurrección de la carne, o una reencarnación en otro cuerpo, o un afterlife en medio de algún paraíso o dimensión desconocida habremos de pasar por ella, gústenos o no. Y mi madre lo hará antes que yo, según veo y olfateo.

Maldita muerte, y malditos los ojos que se cierran ante ella como rindiéndole pleitesía, como brindándole respeto. Con gusto nunca abriría mis oídos para escucharla arribar, con gusto jamás permitiría que mis tímpanos le cargasen adentro.

Vitito habla en el celular que está a punto de desconectar la compañía de teléfonos por falta de pago y mi madre gira el guía para doblar en la esquina. Veo a unos policías en motoras. Dibujo con sus blancos y azules algún trazado arcaico que me regale un momento de consolación en medio del desconcentrarme. No lo logro. Muevo mis manos sin que los demás lo noten. Hablo conmigo misma. Me alzo de hombros. Afuera, las bocas en silencio se abren y se cierran colindando mil decibeles imperceptibles ante mí. Imagino toda clase de diálogos. Lloro de nuevo.

16

De vuelta a la casa, mientras conduzco mi destartalado automóvil, se me salen varias lágrimas y decido limpiarlas lo antes posible. Lo hago porque sé a la perfección que mi hija puede, de algún modo mágico y extraño, darse cuenta si he llorado. Kapuc es tan sensible para tantas cosas que suceden a nuestro alrededor, que debo cuidarme y disimular la mayor cantidad de veces. Lloro por la soledad que me circunda, a pesar de la eterna compañía de personas vacías que me rodean constantemente. Lloro porque quisiera tener la potestad de cambiar mis circunstancias, quisiera no tomar las decisiones que he tomado o quisiera tomar algunas otras que he dejado pasar. Tantas oportunidades que he dejado pasar. Tantas malas decisiones adoptadas durante toda mi vida. Quisiera que mami no hubiera muerto, que estuviera aquí conmigo, que me abrazara y me dijera como siempre lo hacía que veníamos de descendencia luchadora y aguerrida y que todo cuanto nos acontecía lo podíamos sobrellevar. Quisiera que fuera ella la que enjugara mis lágrimas, pero ya no está. ¡Me hace tanta maldita falta, carajo!

Mami se había preocupado por hacer mi existencia tan rica en experiencias alegres como en días felices. Nunca la vi derramando lágrimas a mi alrededor y sin embargo yo era una experta en cobardía, mostrando mis puntos débiles a diestra y siniestra. Ni siquiera cuando la jauría de perros que había atacado a Kapuc de niña le habían mordido a mami todos sus talones, pantorrillas y hasta muslos, había derramado una sola lágrima. Todo lo contrario, había permanecido calmada, espantando los canes a patada limpia e intentando que Kapuc dejara de llorar. Intentaba calmarla desde el fondo mismo de su mar en calma, que no poseía, pero que sí era capaz de invocar como si tuviera poderes de nigromancia sobre las olas convertidas en marullos. Mami era tan especial y tan maravillosa que poseía el portento de volver océanos caotizados por los ciclones, en platos de agua dotados de una calma inverosímil.

Y como yo sabía que únicamente su recuerdo tendría todo el poder de apaciguarme, conjuré en mi mente algunos de los momentos más felices de mi infancia: la siega de aceitunas. Mami Petronila era la única mujer conocida en el país capaz de poseer un cultivo de aceitunas en la isla. Ni yo, ni nuestros vecinos, ni la gente que viajaba de otros pueblos de la isla a visitar su huerto conocían a alguien con aquella ventajosa magia para el cultivo de éstas. Ella contaba que al menos algo bueno había producido su matrimonio con el lugarteniente español de Arecibo, mi padre. Aunque siempre que se dirigía a él lo hacía en modo respetuoso, me había confesado que nunca lo había querido, mucho menos amado.

La presión social de la época había logrado que aquella unión se diera y permaneciera por cuarenta y siete años. Y aunque él nunca había conquistado su corazón, mami me llegó incluso a decir que mi padre sí había caído loco rendido a sus pies. Él hasta le había confesado durante algún momento de su vida que se había casado con la madre de ella tan pronto la vio sentada a ella en el balcón, colgada de sus infantiles trenzas cuando mami tan sólo había cumplido los seis años, y que al menos—decía él plenamente orgulloso— había tenido la decencia de esperar a que ella tuviera su primera menstruación a los doce para hacerla su mujer. Mi padre siempre, durante todo el tiempo que vivió, hizo alarde del profundo amor que sentía por mi madre, un amor que lo había llevado hasta la locura, mencionaba con ímpetu. Y por supuesto, en aquel momento poco sabía yo que la locura era sinónimo de acometimiento de un crimen, puesto que aquel acto pedófilo bien hubiera sido condenado en el Puerto Rico de hoy. Y empeorando la situación estaba el hecho, claro, de que cuando esto había ocurrido todavía la bisabuela vivía, y ello había tomado lugar bajo el mismo techo que los tres compartían. Él, extranjero de otras tierras, abusando de su hijastra menor de edad. Sin duda un escándalo que sonaría y daría mucho que hablar en los tiempos actuales, pero en aquellos tiempos remotos, como graciosamente le llamaba mami a aquellos tiempos de antes cuando todavía los perros se amarraban con longaniza, lo sucedido era algo así como el uso y costumbre.

La descendencia española de mi padre había jugado un importantísimo papel en la educación e instrucción que había recibido mami al ser una criolla pura. Ello le había abierto puertas y ella se había beneficiado grandemente de tal circunstancia. Leyendo todo tipo de libros que mi padre había exiliado junto a él metidos todos en grandes y cuantiosos baúles, mami había descubierto un invaluable tesoro generacional del linaje andaluz de su esposo: el cultivo de aceitunas para hacer aceite.

Así que traje justo al cofre de mis recuerdos aquella artesanía que ella tan hermosamente tallaba en la pequeña finca que poseíamos en Camuy. Las aceitunas negras completamente maduras, precisamente las que ella lograba hacer retoñar, eran las que daban más aceite, aunque el mejor se obtenía de las que todavía estaban verdes y empezaban a cambiar de color. Mami me hacía sentir tan especial como importante, lo mismo que debieron haberse sentido los hebreos a los cuales en el pasado se les fue conferido por primera vez extraer la grasa líquida obtenida de los olivos. Después de recoger cuidadosamente el fruto de los árboles y limpiarlo de ramas y hojas, mami y yo lo llevábamos al lagar de poca extensión que quedaba en la parte trasera de nuestra casa, hacia donde transportábamos la plantada de olivar, para junto a los pocos artefactos de extracción que poseíamos, prensar y extraer el sebo.

Aprendí a exprimir la pulpa hasta la última gota, justo como me lo enseñara ella. Dedos de masajeo. Dedos de presionar. Dedos, dedos. Descubrí que casi la mitad de la pulpa de la oliva madura es todo aceite, cuya calidad dependía en mayor grado, al método que nosotras utilizábamos para procesarla. El mejor aceite, llamado "aceite de oliva puro, batido", lo producíamos mediante un proceso sencillo incluso antes de llevar las aceitunas al lagar, siempre y cuando ninguna de nosotras estuviera en sus días menstruales porque de otro modo echábamos a perder la cosecha. Primero, colocábamos las aceitunas en un mortero y se machacaban sin aplastarlas, o a veces se pisaban. Después, el fruto machacado lo poníamos en cestos para que "goteara" el "aceite virgen" hasta que éste se agotaba. Al aceite puro batido lo almacenábamos en jarros de barro y sólo entonces la pulpa se llevaba al lagar. Disfrutaba tanto aquel rato haciendo aceite con mi madre, que hubiera dado mi vida y la mitad de otra por regresar a aquel tiempo, por volver a ver sus brazos machacando, moliendo, por volver a sentir su abrazo aceitoso aún en la noche, antes de que yo me acostara a dormir.

Afortunadamente, dejé de llorar para sonreír en mitad de tanta remembranza. Entonces, con valentía y de manera altiva, logré llegar a la casa sin lágrimas. De esa manera Kapuc no descubriría la tristeza que escondía yo adentro de mis ojos, debajo de mi piel.

17

Nuevo día. Nueva tarde. Llegó como siempre, silbando y de buen humor. Eran justo las seis cuando atravesó el umbral. Vitito iba de salida y únicamente acertó a darle un beso en la mejilla para luego salir volando de allí. A mí me trataba diferente. A donde mí venía y me abrazaba y me daba seis mil besos. Entonces me hacía piojitos en la cabeza, cosquillas en el abdomen y me tomaba la cara entre las manos, porque a continuación hablaba conmigo del modo más íntimo jamás experimentado por madre e hija nunca antes, y para que yo la entendiera a la perfección tenía que estarme mirando justo de frente, sin distracciones de ningún tipo. De ese modo, yo le leía los labios.

De ese modo también la olfateaba. Ella era mi aroma preferido en todo el orbe. Ella y los recuerdos que me traía con sus diversos aromas que se le encaramaban en el pelo, largo y rizado, como el mío, o mejor dicho, el mío como el de ella. El tocino ahumado frito sobre la estufa de gas, la brisa marina salada rodeando algún arrecife, la ropa limpia en el tendedero flotando al viento, el patio recién cortado, la grama mojada en cualquiera de las estaciones del año, las especias fuertes que utilizaba para cocinarnos los sábados, la canela en los pancakes con syrup, el cheeswhiz sobre las tostadas, y hasta el aliento de nuestro cachorro antes de contraer parvovirus. Todos esos eran mis olores preferidos en ella, que se disparaban olfateándole sus manos, sus uñas, su nuca. Todos tenían un recuerdo concreto y vivo que asociar a la primera vez que yo los había olido, a la primera vez que yo los había experimentado y que ahora indivisamente permanecían tatuados en mi mente. En muchas de las ocasiones se trataba de un recuerdo de mi niñez.

Por ejemplo, el olor de la nuca de mi madre siempre estaba impregnado de una mezcolanza de batatas azucaradas, sin importar el perfume o la colonia que llevara. Lo mismo sucedía con la parte posterior de mi cuello que despedía un olor meloso a boniato, a camote pulposo, aunque en ocasiones yo tratara de cubrirlo con colonia de violetas o Jean Naté. A las batatas había yo llegado a amarlas no únicamente por su sabor tan dulce y agradable, ni tampoco solamente por haberlas descubierto Colón en su primer viaje, como alguna vez aprendiera leyendo los libros que me había dejado en herencia la abuela. Sino porque precisamente aquel era un olor heredado de la abuela Petronila.

Era el olor de las mujeres de mi dinastía, de las mujeres que componían mi núcleo familiar. Aquella esencia parecida a "zanahorias grandes" con el "sabor propio de las castañas", según descrito del puño y letra del propio Descubridor en persona, se hallaba atado a la cadena genética de nuestro ADN como un torrente de arterias atado a la sangre.

Mientras yo crecía y perdía audición, más me daba cuenta del hecho tan importante que sería desarrollar mi sentido del olfato a niveles exacerbados. Descubría en la rutina del día que la vida era tan sencilla como intensa absorbiendo fragancias, degustando aromas y grabándolos en la memoria para luego extraerlos y provocar otros sentidos que mi cuerpo poseía, otras intuiciones que mi anatomía ofrecía, exigía y que eran tan intensos y significantes como el sentido auditivo que se me escurría en medio de un reloj de arena sin vuelta.

Sorprendida, averiguaba a medida que iba yo creciendo, que el olfato ostentaba los más notables efectos en nuestro sentido del gusto, lo quisiéramos o no. Aunque las papilas gustativas distinguían entre lo salado, lo dulce, lo amargo y lo agrio, mi nariz diferenciaba otros sabores más sutiles, otros emboques más tenues y etéreos, que pasaban desapercibidos al ser humano promedio. Las manzanas y las cebollas, por ejemplo, tendrían casi el mismo sabor si carecieran de su distintivo aroma, supe justo en medio de un catarro descomunal. Lo mismo que la temporada de huracanes en la que padecí de sinusitis crónica, e indagué en cuánto sabor pierde un trozo de chocolate si se lo come con la nariz tapada y el pecho congestionado de flemas.

El propio olor del chocolate era extremadamente exótico. Pocas veces había logrado detectarlo sobre alguna parte del cuerpo de alguna persona, o inclusive dentro de la boca, los ojos o sobre la superficie de los labios de alguien. Había descubierto en la lectura de los libros del lugarteniente andaluz, mi abuelo, que el chocolate había sido la bebida favorita del gobernante azteca Moctezuma el segundo. Los granos de cacao, de donde se extraía éste, se consideraban altamente apreciados durante la llegada de Hernán Cortés a México, tanto que se llegaron a utilizar como intercambio monetario. Haber olido a alguien que me rodeara impregnado del efecto del chocolate, era como viajar al siglo XIX, justo en el momento en que se descubría una nueva manera de degustarlo: añadiéndosele azúcar y leche para mejorar su sabor, y espesarlo para convertirlo en una gran bebida. También en forma sólida para tomarlo como tentempié o piscolabis. El olor del cacao iluminaba mi rostro bañándolo de una extrañeza viscosa que se escurría a otras partes de mi cuerpo y que aún a mi corta edad de quince yo no podía descifrar a ciencia cierta, pero que intuía era más importante de lo que nadie jamás hubiera podido habérmelo explicado.

El olor del tomate, por otro lado, me hace recordar la época de los mayas que cultivaban aquel fruto al que ellos graciosamente llamaban el xitomatle, posteriormente denominado tomatal, como si yo hubiera estado allí siendo partícipe de la historia. Yo era india maya.

Me había enterado una vez por la abuela que para el siglo XVI ya se cultivaban tomates en España e Italia, países en los que el gazpacho, la pasta y las pizzas se convirtieron en algunos de los platos favoritos de su gastronomía. El abuelo, todo un dechado de virtudes machistas, siempre hacía alarde de que aunque en su propio hogar únicamente cocinaba la abuela, puesto que ello era trabajo mujeril, en alguna que otra ocasión él había confeccionado pastas italianas, añadiendo de los tomates de su huerto. Creo que por esa razón y no otra, ya que nunca conocí al abuelo en vida, siempre que percibí el bálsamo del tomate entrando por mis narices pensaba en él. Lo imaginaba hidalgo, todo trajeado a lo Don Quijote, con su lanza de metal corroída y la mira al ras del horizonte buscando a la dulcinea en los ojos de la abuela. La foto que guardaba de él en blanco y negro, en la cual aparecía con su bigotazo de brocha curvado en las puntas y en mangas de camisa con tirantes durante un día soleado en medio del campo de su hacienda, olía a tomate.

Con mi madre allí tan cerca, devorándole sus olores ahora que acababa de llegar de la farmacéutica, definía yo casi a la perfección y de algún modo mágico que ninguna de nosotras lograba explicar, todo lo que había realizado en su día en el trabajo. Desde el delicioso aroma del café que manaba de las yemas de sus dedos ingerido en el desayuno acompañado de algún cigarrillo mentolado, hasta el sabor dulce de las naranjas que había engullido a la salida de la fábrica luego de haber estado expuesta al plástico protector de las teclas de su computador apretándolas en milésimas ocasiones. El epitelio de mis vías respiratorias era tan increíblemente sensible como detector de todas sus actividades.

18

Has visto hoy a Humberto, le dije con aquel acento fañoso que emitía cuando no quería poner el cuidado preciso para la pronunciación de fonemas, y mi habla salía disparado de mi boca accidentado y con prisas. No era una pregunta, era una aseveración. Y preferí decirle eso a comenzar la frase que me colgaba de la punta de la lengua: "Has estado llorando de nuevo." Así que decidí optar por lo de Humberto.

Lo vi por unos segundos que se hicieron eternos, contestó mamá algo apesadumbrada. ¿Cómo está él? ¿Por qué ya no viene? Sabes que no deseo ilusionarlo, nena.

Comenzó a desenredarme la maraña de cabellos para iniciar una trenza, mientras todavía yo no dilucidaba a cabalidad las verdaderas razones. En alguna ocasión en que la lluvia había sido tan copiosa como infame, mientras una vaguada inmisericorde golpeaba la isla llenándola de inundaciones repentinas que causaron pérdidas millonarias y algunas vidas, mi madre me había comentado algo así como que Humberto le había tomado el pelo. Yo había guardado silencio figurativo, sin haber movido ni una sola de mis manos, porque entendía que aquello eran palabras mayores.

Humberto y madre llevaban mucho tiempo de ser compañeros de trabajo, y ciertamente él había estado galanteándola por espacio de algunos dos a tres años ya. Mi madre no había decidido hacer nada al respecto por sus razones tan válidas como peculiares, pero en una ocasión en que yo me había   perdido por culpa de Vitito, un comité de búsqueda y rescate se había lanzado en mi auxilio a pesar de haber dado parte a la policía. Humberto había sido el que finalmente me había encontrado, indefensa y asustada. Y el hecho de haberme regresado sana y salva a mi madre, le había abierto las puertas más importantes dentro de la edificación de una mujer: las puertas de su corazón. Si hasta yo sabía eso.

Sin embargo, por algún extraño motivo que no logro descifrar, madre llegó a pensar que Humberto era de descendencia cubana. Lo cual fue un craso error de cálculo de parte de ella, puesto que si me hubiera preguntado a mí, simple y sencillamente yo le hubiera dicho que no, que él no era para nada de Cuba, que él también era documentado. Había olfateado toda su piel durante las horas que había durado mi rescate y mientras él me había llevado en brazos. Su tez, aunque blanquecina, se hallaba tiznada de un excepcional perfume antillano trigueño que solo lograba divisarse más al fondo, más allá de la superficie, manchado a su vez de un sargazo cibaeño que no salía nunca y que lo marcaba con tanta fuerza, como marcaba a todos aquellos que llegaban a la isla cruzando el canal de la Mona.

Luego de tal evento mi madre agradecida accedió a compartir más con él, a salir al cine, incluso a ir a bailar juntos algunas noches, creyéndolo habanero. Pero el agradecimiento, supe perfectamente, cedió paso a otro tipo de sentimientos. Yo los espiaba dándose besos en los labios al arribar a la puerta de nuestro hogar luego de alguna cena o de un paseo. A veces los besos se quedaban en sólo besos; en otras ocasiones se convertían en caricias de la boca en donde los labios jugaban el mismo papel que las manos al abrazarse. Y justo en la despedida de aquellos momentos, era que el ambiente se llenaba de cacao, de chocolate caliente, derretido. Un aroma leve, tenue, apenas perceptible pero claramente palpable.

Mientras más alejada permanezca de él, será mejor, cielo, me dijo mamá. Puse cara de pena, de pena desmedida, de lastimosa tristeza y añadí: ¡Lo extraño tanto! Lo sé, cielo, a veces yo lo extraño también. Se dio por terminada entonces la charla sobre

Humberto. Mamá me dio un beso en la frente y se metió a bañar. Me advirtió que esa noche había reunión otra vez del comité del festival playero, y que algunos de los colaboradores se habían dado cita allí, en nuestra humilde casa.

19

Kapuc se retiró a su habitación mientras su madre preparaba un poco más la casa para la reunión. Afortunadamente Kapuc era muy buena aseando la humilde vivienda, y tenía la mayoría de las veces todo limpio y bajo control. Cuando Karen terminó de echar un último vistazo, comió de la cena que había preparado su hábil muchachita. Una hija muy apta tenía ella, pensó, y supuso que había sido un acierto criarla como si no fuera sorda del todo.

No le gustaba la cultura del sordo. Prefería que Kapuc, a pesar de sus limitaciones, viera la vida como la ve un oyente. Había reducido al mínimo las clases de lenguaje de señas, a tal grado que únicamente en ocasiones las recibía de parte de unas misioneras muy amables que en adición a enseñarle a comunicarse con las manos, le hablaban a Kapuc de la Biblia. Para Karen era importante que su hija supiera que en algún momento dado existiría un lugar en donde, eventualmente, ella ya no sería audio impedida. Y claro, a falta de ella misma saber explicar todos aquellos conceptos bíblicos, puesto que era católica de vocación y los católicos nunca tocaban las escrituras, entendía que era buena idea que su hija recibiera la instrucción de alguien apto. Además, Kapuc era la mar de inteligente. Se devoraba todos los libros de arte, historia y literatura que pasaban por sus manos y siempre tenía el universo de dudas y preguntas para hacer. Así que ella había preferido el paso casi semanal de las misioneras cristianas, que seguramente no estaban de acuerdo con que Karen encendiera velas coloradas a ídolos e iconografía tradicional, pero que eran tan respetuosas que nunca lo mencionaban.

Y si bien era cierto que Kapuc aprendía señas con ellas, también era cierto que Karen no le permitía usarlas en su presencia. Las señas y el lenguaje de las manos serían algo para cuando Karen no estuviera, para cuando ella faltara.

Kapuc se metió bajo la ducha y no pudo evitar volver a traer a Humberto a su mente. Gracias a que con sus dotes de guardia y sus técnicas de rescate la había encontrado en esa ocasión, ella podía sentirse segura de que si otra vez se perdía él nuevamente la encontraría.

Kapuc lo encontraba extremadamente guapo, y alto. Por eso había bautizado a su árbol del mangle con el mismo nombre: Humberto. Le había puesto ese nombre en honor a este hombre que provocaba olores de chocolate de la mayoría de las partes del cuerpo de su madre.

Kapuc había descubierto una vez, para sorpresa suya, que dentro del pecho de su mamá, debajo de los encajes de su sostén, también olía al tesoro de los aztecas.

En 1519, el explorador español Hernán Cortés había dirigido una expedición al corazón de México para apoderarse de caudales de oro y plata de los indios aztecas. El emperador Moctezuma, junto con sus súbditos había creído en un principio que Cortés y sus soldados eran "dioses blancos, que habían subido del mar". Se les dio la bienvenida, se les preparó un banquete y, se les sirvió una bebida fría y amarga que era muy popular entre los huéspedes. Se llamaba cacahuatl.

Los españoles se enteraron de que los aztecas creían que uno de sus profetas había traído las semillas del árbol de cacao del paraíso y las había plantado en su jardín. Por medio de beber un licor exprimido de las semillas, adquirió sabiduría y conocimiento universales. Moctezuma mismo creía que dicho licor no sólo le daba fuerzas y energía, sino que también le estimulaba las capacidades sexuales. Además, los granos de cacao servían de dinero.

El cacahuatl había probado ser demasiado amargo para el gusto europeo de los conquistadores, por lo que al añadirle un poco de azúcar, el sabor mejoró enormemente, de modo que Cortés decidió introducirlo en la corte española como bebida endulzada. La llamaron chocolatl. Inmediatamente gustó mucho en España. A las damas elegantes les gustó tanto que hicieron que sus criadas les llevaran tazas de chocolatl caliente a la iglesia para que fueran bebiéndolo a sorbos mientras estaban allí. La demanda por la bebida exótica aumentó rápidamente, y poco después los barcos españoles transportaban abastecimientos de granos de cacao con regularidad desde los países ecuatoriales, donde se cultivaban.

Kapuc en ocasiones percibía que se podía viajar a esos siglos tan sólo con evocar la materia odorífica de este fruto. Era como si el aletear de las palomas en el tejado y el recorrido de las salamandras transparentes con cabeza triangular sobre los sócalos de la pared invocaran una estepa diferente, llena de matorrales, en una dimensión traslucida que se abría como un puente atemporal en donde los cuerpos de la actualidad se materializaban en otra época.

Una noche mientras se llevaba a cabo la tormenta eléctrica más hermosa que jamás hubiera divisado Kapuc, su madre regresó al hogar de una cita con Humberto estrenando esa nueva esencia en su cuerpo, como si alguien hubiera tomado una barra de jabón aceitoso y se la hubiera embadurnado sobre toda la piel. Como si literalmente se hubieran aplastado bien las aceitunas que se cultivaban en el huerto de la abuela en un mortero o molino de mano, para que justo en el momento en que saliera el aceite de la pulpa, se dejara clarificar en jarros de arcilla o tinas. Aunque sustituyendo las aceitunas, aparecían ahora los granos del chocolatl, y por único mortero de prensa desde donde se ha exprimido cada gota del dulce, se distinguen los brazos fornidos de Humberto. Entonces, plena y hecha toda una abertura de sentimientos en flor, convertida en la hendidura o el resquicio de las pencas de las palmas, mi madre personifica los jarrones de barro en donde ha sido depositado el zumo grasoso estrujado.

El lubricante extraído se ha obtenido casi como si se hubiera ordeñado una vaca sobre un prado en remanso en un fondo iridiscente; luego se ha tomado la savia pegajosa arrebatada de los frutos para engrasar el cuerpo bien dispuesto de Karen. El resto de la pulpa en el lagar que se ha extirpado después de haber machacado las semillas, se resbala por la comisura de sus labios y por entre la hondonada que ha creado un surco desde el cuello hasta el ombligo. Una vez triturada la masa, se ha colocado en sus brazos que juegan el papel de las cestas que se apilan entre las dos columnas verticales del lagar. Luego ha sido como accionar una palanca sujetada con pesas para exprimir el óleo aceitado de la pila de canastas, canalizado hacia grandes recipientes para que éste se clarifique. Allí el aceite ha subido a la superficie, separándose tanto de los restos de pulpa como del agua que ha de encontrarse abajo, siempre abajo, y luego se ha secado para almacenarse en los dos inmensos ojos femeninos que han tomado el papel de jarrones de barro como depósitos especiales.

Kapuc supuso enseguida que algo importante había ocurrido esa noche, mas no preguntó ni dijo nada. No tenía por qué. Con el pasar de los días el aroma se repitió toda y cada una de las veces que Humberto la visitaba o la sacaba a pasear, pero tal evento era asunto de su madre, y sólo ella tenía vela en aquel entierro. Sin embargo, Kapuc llegó a imaginar a su progenitora como princesa azteca moliendo las preciadas semillas, y a Humberto convertido en emperador piramidal intentando ganarse el amor de su doncella.

Entonces, terminó de ducharse.

20

En efecto, comenzaron a llegar entre siete y media a ocho algunos de los organizadores. El Festival Playero se llevaba a cabo todos los años en la playa de Playa Tereque en Camuy, durante julio, siempre a finales de mes. Se planificaba la presentación de espectáculos artísticos con cantantes y orquestas tropicales del patio auspiciado por emisoras radiales, canales de televisión y embotelladoras de cerveza. Se organizaba un concurso de Miss Bikini, que ya Karen había ganado en una ocasión y debido a lo cual ahora era organizadora, como también se establecían los parámetros pertinentes para el disfrute de juegos de orilla, voleibol playero, kioscos de comida y bebida, picas de caballos, algunas peleas de gallo, reestructuración del área de camping y hasta el desglose de un pequeño certamen de pesca.

Camuy, La Ciudad Del Sol Taíno fundada en 1807 por Petronila Matos cuando ésta se había desasociado de Arecibo, quien casualmente poseía el mismo nombre de pila que la madre de Karen, era conocida por su folclor y sus múltiples aportaciones culturales a la Isla. Los camuyanos celebraban el Velorio de Reyes durante el 5 de enero en la plaza pública, donde cantando recibían el mensaje del alcalde y el del párroco, para luego marchar en procesión y más adelante disfrutar de la presentación de conjuntos musicales auspiciados por el Instituto de Cultura, y bailando al son de salsa entre los kioscos que ofrecían a bajo costo golosinas y platos típicos. No había nada mejor que comerse un tembleque recién cocinado, desbordado de canela y coco en medio de la brisa marina que siempre cubría a Camuy. Tampoco había nada como disfrutar de una piña colada bautizada de ron caña y acompañada de bacalaítos y alcapurrias.

El pueblo costero también festejaba la actividad del Carnaval del río Camuy, durante el último fin de semana del mes de febrero, en tanto que en esa festividad se realizaba la coronación de la reina con desfiles de carrozas y comparsas. También las fiestas patronales durante la última semana de mayo eran dedicadas en honor al santo patrón San José, y se celebraban con juegos populares como el palo ensebado, un torneo de softball, una bicicletada familiar, el maratón San José, máquinas de diversiones, reinado infantil y una actividad para camuyanos ausentes.

Finalmente, y como preámbulo al Festival de julio, se realizaban las Fiestas de San Juan la noche del 24 de junio, también en Playa Tereque, en donde los concurrentes se lanzaban de espaldas hacia la marea, intentando mejorar su suerte.

Demasiado pronto había descubierto Karen que eso de la suerte no era algo tan fácil de conseguir, puesto que durante una de estas alegorías de mal agüero, Antonio, su esposo, había decidido darle la noticia de su inminente abandono para convertirse en ex. Había renunciado a aquel matrimonio por motivos que Karen prefería reservarse, rodeada todavía de la vergüenza por la deserción. Mientras la playa era abarrotada de gente con licores, cervezas, pinchos de cerdo y tiburón, hamacas en los palmares y casetas de campaña en el área de dunas, ella permanecía sobre la arena cabizbaja, recibiendo la despiadada rompiente en el discurso de abdicación de su marido. Con el corazón roto y calculando qué carajos haría ahora divorciada y con dos niños pequeños, supo en aquel momento que ya nada sería igual. Kerenhapuc estaba recién cumpliendo el primer añito en octubre, mes de las brujas, y Víctor Antonio ya iba por los tres. La una comenzando a caminar, y el otro comenzando a hablar. Una casa a medio construir con una deuda a largo plazo y un vehículo usado que no duraría ni diez meses adicionales. Sola. Sola y con dos hijos.

21

Kapuc había saludado a todos los presentes en su casa, quienes afable e indiscretamente habían regalado miradas de misericordia y lastimosa pena a la pobre muchachita. ¡La pobre! Era estúpida, tonta y encima no escuchaba, hasta hablaba mal. Y empeorando las cosas, se comunicaba en un lenguaje que no era normal, con espavientos de manos, brazos, y gesticulaciones exageradas de rostro, muecas y siempre esa maldita manía de quedársele a uno mirando a la cara, como si uno tuviera monos, o se hubiera caído de un avión, dizque para poder leer los labios.

¿Pero quién leía labios? ¿Cuándo se había visto eso? Qué mala educación la de esa niña de quedársele mirando a la boca de uno, que a veces estaba llena de chicle, o comida, o que simplemente pertenecía a algún hombre, en ocasiones casado, nada caballeroso por cierto, con las sensaciones fálicas demasiado despiertas y que perdía fácilmente la noción de que aquel cuerpecito recién desarrollado no debía verse como el organismo de una chica regular y corriente que se le quedaba viendo a los labios y que parecía como pedir un beso, sino que era la mudita retardada mental, hija de Karen Pizarro, mujer que dicho sea de paso, era portadora de las caderas más asesinas de la comarca, y de los pechos mejor levantados de todo el distrito.

Difícil, muy difícil resistirse a esa situación, porque la Kapuc era bella, aunque no hablara, y emulaba muy copiosamente la hermosura de la madre, los rasgos definitorios de un rostro que a pesar de la dureza, se le podía sensualizar, se le podía regalar caricias.

A veces explicaba lo de su nombre, con aquella voz gangosa que hacía imaginarla aún más sexy, y todo mundo prestaba atención, sobre todo si no hacía demasiados gestos con las manos y se limitaba a vocalizar con sonoridad. Kerenhapuc es un nombre bíblico, manifestaba orgullosa y añadía casi de inmediato que pertenecía el mismo a la tercera hija de Job, y por cierto la más joven de las que le nacieron una vez que terminó su gran prueba y sufrimiento. Era un nombre que bien indicaba pertenecer a una mujer de ojos muy bonitos o que era muy hermosa, puesto que el registro indicaba en Job 42:15 "no se hallaron mujeres tan bellas como las hijas de Job en todo el país". Con el antimonio, elemento metálico de aquel tiempo, azul blancuzco, se elaboraba un tinte negro brillante con el que las orientales se pintaban las pestañas y las cejas, o hasta se perfilaban los ojos, lo que hacía que parecieran más grandes y brillantes. Como el nombre lo había escogido su madre, por sugerencia de la abuela Petronila, también ella misma había inventado el diminutivo por el que todos la conocerían en la eventualidad: Kapuc.

22

Que importa la tristeza. Es mejor que nada.

Santiago Gamboa

Antes de que dieran conclusión a la planificación del evento, Karen recibió dos llamadas al celular. En ambas tuvo que excusarse con los presentes para salir al balcón a contestarlas. La primera, que fue reconocida inmediatamente por la pantalla LCD a colores, era del reverendo Estreda, disculpándose porque ese fin de semana que se aproximaba tampoco podría encontrarse con ella. Karen cerró los ojos. Alguna señal... ¿de cansancio? Luego de lo que pareció una eternidad se alzó de hombros. Está bien, le dijo, nos veremos cuando puedas y quieras. Siempre quiero, le dijo él, y siempre te extraño... y siempre te necesito. Pero se me hace imposible en estos días venideros debido a unos compromisos previos con los feligreses. Yo también te extraño José Enrique. Pudieron haber continuado el diálogo, puesto que todas las llamadas recibidas luego de las nueve de la noche eran gratis, pero colgaron y de ese modo quedaron ambos muy desilusionados.

23

Me ama. Yo sé que me ama. Pero es un hombre de Dios, atado a esa loca mujer repleta de enfermedades de la cabeza, que si las depresiones, que si la esquizofrenia, que si la pobrecita lo necesita y es bipolar. ¡Total, sólo es una carga, un estorbo! Pero José Enrique me ama. Lo percibo en cómo me habla, en cómo me trata, en como siempre me necesita a su lado, aunque sea viéndose a escondidas conmigo, que soy una mujer discreta, una mujer que se sacrifica porque la imagen de él ante el pueblo no sufra. Es un hombre de influencias municipales y a nivel de gobierno central, puesto que es vicepresidente de algún concilio de esos protestantes de los que abundan, por eso no puedo permitirme hacerle daño, y al final de cuentas únicamente me haría daño yo misma, porque lo perdería, y no quiero perderlo. Es un maravilloso hombre, y un exquisito proveedor, que si no hubiera sido por él, jamás hubiera podido repintar la casa y mandar a arreglar el Toyota. ¡Es tan bueno! Y es tan agradable compañía. Sé que cuando no me gusta estar sola, al menos me gusta estar con él. Ojalá y no se moleste por la noticia que tengo que darle. Ay, dios mío, ¿en qué lío me he metido yo?

La segunda llamada la tomó por sorpresa. La voz de Humberto, no se hizo esperar. Y a pesar de que él únicamente había llamado para asegurarse que Karen estaba bien, y desearle buenas noches, la conversación fue muy breve y Karen puso de todo su empeño para que pareciera insignificante.

Karen despidió a todos los del comité organizador luego de haber logrado grandes avances en cuanto al funcionamiento de la próxima actividad. A todos exceptuando a Manena, su vecina dos calles más abajo, que se había permitido aceptar la invitación de una taza de café para quedarse dialogando un ratito más con ella. Manena era buena acompañante y buena vecina, pero tenía un esposo dominicano, y eso para Karen era un gran "pero". Un "pero" grande, gigantesco, porque los dominicanos, a pesar de su situación tan precaria, llegaban a la isla a robarles trabajo y hogares a los nativos del país. A robarles oportunidades, a hacer que el bizcocho, que era el mismo, se repartiera en más pedazos, quedando ínfimas partes para todos, y sobretodo porque, según Karen, la mayoría de éstos eran feos, desagradables, apestosos y carecían de higiene. Era una cuestión de etnias.

A Karen no le gustaba pensar sobre si misma que era una prejuiciosa o xenófoba, pero sabía en el fondo que algo de eso tenía que tener. Había mirado con ojos de oportunidad a Humberto, actuando bajo la premisa de que él era cubano. Le había preguntado dónde había nacido y él le había echado un cuento de que acostumbraba jugar de chico por allá por la Habana, y por Bahía de Cochinos, y por Mariel. Convenciéndose de que no era racista, había accedido a salir con él luego del incidente del rescate de su hija. Lo encontraba un hombre guapo, luchador y decente. Era soltero y había mostrado siempre un creciente interés por ella plagado de caballerosidad y cortejo. Habían tenido intimidad durante una velada de tormentas eléctricas. Y se había sorprendido. Nunca ningún hombre la había llevado hasta donde la había llevado Humberto. Nadie nunca antes había descifrado su feminidad de modo tan versátil y contundente. Ninguno. Ni siquiera el reverendo José Enrique Estreda.

Sin embargo, luego había hecho un descubrimiento revisando unos documentos del departamento de Recursos Humanos de la farmacéutica en donde Humberto y ella compartían como compañeros de trabajo. Había descubierto "sin querer" que la nacionalidad de él no era cubana, sino dominicana. Con aquel hallazgo lo había confrontado y él inicialmente lo había negado, acentuando aún más su "dizque" pronunciación habanera. Más tarde, cuando no le quedó más remedio, se lo aceptó.

Karen le había preguntado el motivo de aquel engaño, de tal infamia. Humberto le había explicado que había encontrado en la isla siempre más racismo y prejuicios en contra de sus hermanos dominicanos que en contra de los cubanos. "De dos males, el peor", había mencionado él, esta vez, sin ningún falso acento cubano. Y como era un dominicano de piel blanca, se le había hecho sumamente fácil continuar con la farsa.

Karen le había dicho que rompían relaciones desde ese momento, escudándose en la mentira de él, pero rehuyendo la realidad del asunto. Y la realidad era que le costaba pensar que el único hombre que alguna vez la tratara como se merecía, que el único hombre que había logrado orgasmos en ella, pudiera ser precisamente el monstruo portador de todas sus intolerancias étnicas. Karen había sufrido una enormidad con aquella noticia.

Si tan sólo ella pudiera ser como Manena, si tan sólo pudiera portar esa tolerancia racial para lograr alcanzar la felicidad al lado de un hombre tan bueno como Humberto. Pero no podía. Nunca podría aguantar los chistes y las reseñas difamatorias que se hacían a todas luces desmereciendo la inteligencia de esta raza, los comentarios malintencionados y racistas a los indocumentados que invadían el litoral en yola, el trato discriminatorio e intolerante que generalmente se ofrecía a los dominicanos. Aún si ella se decidiera a cambiar su punto de vista y a darse una oportunidad para ser feliz con Humberto, el resto de Puerto Rico no cambiaría nunca, y de seguro sería ella una desdichada para el resto de su vida.

No, decididamente no podía ser como Manena.

Manena le había aclarado en un principio que se había casado con Vinicio para darle la tarjeta de naturalización, la tarjetita verde, algo así como para legalizarlo. Se cobraba buen dinero si te casabas con un dominicano, en ocasiones y dependiendo de la persona hasta cinco mil dólares, que daba para mucha compra en el refrigerador por algún tiempo, o hasta para el pronto de un buen carro. A pesar de saber eso, Karen era de la opinión de que aquello era una bajeza. No sólo porque moralmente traficabas con la tragedia de un grupo nacional, sino, pues porque era asqueroso casarse con un dominicano. Los respetaba como seres humanos, pero de ahí a tener algo así como un vínculo que la obligara a que la tocasen, que le hablasen o que tuviera que relacionarse con ellos en el día a día, ni hablar. De eso nada. Le repugnaban demasiadas cosas de ellos.

A Manena era obvio que no. Que no le disgustaban los amigos del Cibao. Especialmente los desesperados que llegaban en yola y que necesitaban de una mano amiga, que bien pudiera ser la de ella siempre y cuando el precio valiera la pena. Había comenzado a relacionarse con ellos dando hospedaje a las mujeres después de la larga travesía, algo muy común y corriente en aquella costa. Otros vecinos también se dedicaban a lo mismo, pero pronto Manena se dio cuenta de que pasar por el susto de ser citada a investigaciones por la policía de su municipio no valía los pocos dólares por los que se exponía. Así que había subido la tarifa y había cambiado el servicio.

No sólo se había casado con uno para cobrar los cinco mil, sino que Manena servía de celestina y conseguía otras mujeres que como ella estuvieran dispuestas a ganarse buenos pesos en tal osadía. Por supuesto que en más de una ocasión se lo había sugerido a Karen, apelando a su sentido humanitario, pero pronto se había dado cuento del racismo que despedía la otra. A Karen no le gustaban los indocumentados, punto.

Manena, para convencerla, le había explicado en infinidad de ocasiones que si bien era cierto que se había casado bajo tan peculiar situación, ahora su situación era otra. Había aprendido a amar a su Vinicio y por nada del mundo lo cambiaría por otro.

Vinicio había resultado ser un hombre emprendedor y favorable para los negocios, nada vago y muy esforzado. En principio se había sacrificado para tener dinero realizando casi cualquier trabajo, desde limpiabotas, vendedor de flores en los semáforos del país hasta sepulturero en un cementerio muy prestigioso de allí. Sin embargo, ahora por fin era que su negocio rendía frutos. Se había dedicado al tráfico de dominicanos junto a su Manena y entre ambos habían acumulado una pequeña fortuna, gran casa y dos vehículos deportivos.

A pesar de ello, Manena era muy buena vecina y gran conversadora con Karen. Ésta nunca olvidaba que uno de los días en que Kapuc se había perdido, ella y el propio Vinicio la habían ayudado en la búsqueda. Búsqueda que por poco le cuesta un brazo a Vitito, puesto que su madre estuvo a punto de partírselo al descubrir que su hijo mayor no había prestado la debida atención a la sordita. Búsqueda en la que también había colaborado Humberto.

24

¿Dices que tu hija no duerme en la noche?, preguntó Manena a Karen. No, no duerme. Posee una disfunción de melato-
nina según nos explicaran sus doctores. Se pasa parte de la mañana dormida, luego se levanta en la tarde y en las noches entonces
hace su vida.

Karen también le explicó que los rayos del sol la aturdían
y la mareaban, y que únicamente el halo reparador de la noche la
mantenía sin irritaciones y en paz. En un principio Karen no había sabido cómo lidiar con el asunto. Se levantaba azorada pensando en que Kapuc se hallaba sola en la casa o fuera de ésta en la
oscuridad de la noche. Sin embargo, con el paso de los años se
fueron adaptando todos a la nueva situación.

Ambas, Karen y Manena, vieron partir a Kapuc, que
nunca se alejaba del todo, sino que caminaba por la orilla de la
playa o se trepaba a algún árbol a pernoctar. Antes Karen se moría
de la preocupación por lo que pudiera sucederle. Ya no. A su
nena la conocía todo el mundo en Camuy, y según experimentara
ella tiempo atrás, nadie nunca le haría daño, todo Camuy vivía
pendiente de la sordita de la playita.

De ambas se despidió Kapuc, con un beso en la mejilla
y un intento de charlar con Manena que se había estropeado
cuando se madre le prohibió gesticular con los brazos.

Los labios, nena —le dijo. —atenta a los labios de Manena y vocaliza con calma para que ella pueda entenderte.

Y eso hizo Kapuc, aunque no se le hizo fácil. Cuando se
marchó, Karen le dijo a su vecina: La obligo a hacer eso porque
sé lo difícil que es para mucha gente entenderla. Además, es mejor

que pase por oyente, y cuando lee labios casi parecería normal, ¿verdad? Necesito que crezca en una atmósfera en donde es comprendida. No puedo durarle toda la vida.

Manena asintió, y luego del último sorbo de café, se despidió de Karen.

25

Como había llovido temprano durante el día, el manglar estaba repoblado de fango y limo verde hasta el tope, ahora que había caído la noche. Flotaban en todo derredor las hojas asimilando los tréboles de los cuentos con enanos duendes al final de un arco iris. La vereda no revelaba una cazuela enorme y desbordante de monedas de oro, por el contrario, se mostraba tan pegajosa como una legumbre al habérsele abierto la vaina aún por madurar; viscosa, resbaladiza. Kapuc se había puesto las botas y los jeans, consciente totalmente que la rutina pluvial en aquel entorno podía convertir el hábitat en uno muy hostil si no pisaba con cuidado. Ya estaba acostumbrada a las mareas saladas que traían abundancia de plantas acuáticas al estero, repoblando aquel rincón ecológico y guareciendo el árbol sede. Domada por las circunstancias de tantos años al estar expuesta a lo mismo vez tras vez, conocía los métodos adecuados para la sobrevivencia en medio de aquellos organismos que al igual que ella, respiraban y se nutrían de la madre naturaleza en un terreno tan acaramelado de fango como bajo, tan pantanoso e intransitable como dulce al paladar en algunas áreas que asemejaban globos pequeños. Caminó sigilosa y con pausa, adentrándose con rigurosidad al centro, justo allí donde alguna vez alguna voz caribe o arahuaca se había arrodillado invocando dioses para converger el nombre que le daría a aquella madera tan ancha, tan vasta, tan viril, luego de haber sido bañados por las hojas pecioladas, opuestas y enteras, que en ocasiones se volvían elípticas, obtusas y gruesas, demostrando un todopoderío y una sapiencia al ras de un tronco.

Prestó atención al cuerpo truncado. Tronco de pirámide. Tronco de columna. Tallo fuerte y macizo, erigido con total omnisciencia para resguardarla, y arrullarla, y acunarla. Construido bajo las faldas del asombro y la sabiduría instintiva que ha sido puesta enfrente de criaturas inteligentes, que de todos modos anhelan dar el crédito a una evolución empeñada, ocurrida por casualidad, más bien que a un Creador infinitamente erudito. Resistente a la sal, unos maderos que habitaban entre raíces a orillas de un mar que devora y vomita, y que en ocasiones trae a Kapuc canciones de "a la limón, a la limón, el puente se ha caído; a la limón, a la limón, mandadlo a componer". El estuario hecho puente y hecho hamaca que guarece a una niña cobijada entre rayos de soles apagados, y soles convertidos en lunas, y estrellas y constelaciones que entonan melodías. Kapuc lo admira, lo venera. Se sube al árbol y se baja, entre aquella leña tan preciada, con manos y pies como troncos y raíces debajo y por encima del agua, bebiéndola y nutriéndose de ella, y amenazándola con succionarle toda salinidad mientras la convierte en estatua. Mientras el convite se da entre la intimidad más hermosa, colgada de la rama transparente del mangle que le permite la misma transparencia a ella, árbol y mujer comulgan. Ascendentemente, entre el truncado panorama, hasta arriba, mirando fijamente hasta arriba, Kapuc exhala un beso y dice buenas noches a Humberto. Buenas noches, ¿como estás?, contesta él.

Humberto, el árbol, acomodó su carruaje para que yo lo trepara, como todas las noches de mi vigilia. Su río arterial de enredaderas me hace cada vez más fácil la escalada. Sus ramas, largas y extendidas en forma de escalinatas que de día se vuelven invisibles, dan a luz varios vástagos una madrugada en que yo estaba casi dormida y necesitaba ayuda para descender. El linaje verde azul se extiende hasta tocar el suelo y arraigar en él, cosa de beber del mar en penumbras que se halla a orillas de la playa. Casi

siempre canta tonadas de flores axilares con cuatro pétalos amari-
llentos a merced de un fruto seco de corteza coriácea que únicamente en verano sabe dulzón; de lo contrario es amargo.

El resto del tiempo me habla, tanto él como cualquiera
de sus visitantes de dos o cuatro patas, que vuelan o se escurren,
o se arrastran o se mimetizan sacando la lengua y degustando mariposas.

A Humberto todos nosotros le dábamos cosquillas, por
lo que la mayor parte del tiempo está risueño, mostrando hoyuelos
en plena corteza de varios cientos de aristas que develan su edad
y lo corpulento de sus hojas semejantes a las del peral. Su olor
cítrico nada tiene que ver con su especie. Es un olor que ha creado
él para mí, y que da de comer a las hormigas que logran arrimarse
en canoa a alguna de sus raíces flotadoras y aéreas, toda vez que
él da a luz un zumo blanquecino, ambarino y meloso parecido a la
ambrosía de otros tiempos.

Sospecho que has disfrutado de la llovizna, Humberto.
Sospechas bien, Kapuc; ha de haberse escuchado magistral en el
techo de tu casa con esas planchas de zinc haciéndole acústica.
Como todo un concierto de la mejor música clásica en manos de
Vivaldi; ¿le has oído? Claro que sí, la vibración entraba desde la
planta de los pies, me penetraba y se me enredaba entre los rizos
del cabello, Humberto. Hoy no has traído tu lápiz rosado, Kapuc.
¿No te gusta éste nuevo? Me lo ha regalado mamá. ¿Cómo le fue
hoy a tu madre en su día de trabajo? Me ha contado que bien, y
durante la cena le he mostrado una nueva seña. Ah, y ¿la ha acep-
tado así como así? ¿Sin protestar? Pues no, ha protestado bastante, sabes que no desea que hablemos de ese modo, cree que me
lastima eso, prefiere que le lea los labios en vez de que le hable
con las manos. Ven, acércate, y muéstrame a mí esa nueva señal
que has aprendido, mi niña; yo sí deseo aprenderla.

Entonces la luna da la vuelta mientras la charla reverdece el panorama, y mientras yo tomo entre mis manos la rama transparente de Humberto, y le muestro, a ojos cerrados, cómo se combinan los dedos, y el codo, y el brazo completo para definir entre una jota y una hache, el nombre personal de Dios. Le explico que la nueva seña me la ha enseñado la misionera que a veces viene a enseñarme cosas nuevas de la Biblia y queda complacido.

Abajo los cangrejos de tierra se beben la ecología de las raíces que embullen espumosas cuando la marea sube y abofetea a Humberto. Las hormigas, las termitas y los gusanos que descomponen sus hojas en el ciclo vital y rutinario, luego de hacerle las consabidas cosquillas, desechan en el suelo forestal su aportación. Como un sacrificio a dioses. Mientras la pluviselva que se inunda debajo periódicamente se expande para que yo me acomode mejor, los cangrejos construyen sus comunas, crean sus hoyos en el bajío de la arena y se alimentan de hojas secas, frutos y plantones, que se llevan maravillosamente al fondo de sus guaridas de un metro de profundidad.

Tienen branquias modificadas que les permiten respirar aire. Se sumergen en el océano y luego salen. Sólo van periódicamente al mar para reproducirse, y dejar su huevitos que la misma marea salada barre y esconde entre la arena de sus cuencas. De este modo se alimenta Humberto, cuando sus raíces más profundas descubren el plancton escondido en el cofre del tesoro de los jueyes. El entero ecosistema manglático depende de las labores de todas estas criaturas, incluyendo mi inclusión en la vida que respira Humberto a través de mí, incluyendo mis experiencias y lo vivido por quienes me rodean.

Suspiro atolondrada, mientras le permito alimentarse de mi piel, y mis sabores y de lo que respiro hacia fuera y él se lleva a los labios. La rama transparente se yergue, y soy, nuevamente, parte de su mundo. Lápiz en mano y libreta lista para la recolección de datos, vuelvo a documentarme; vuelvo a ser la escribana enamorada de mi Humberto.

26

Los historiadores atribuyen, por lo que he leído en los libros del abuelo, un origen arahuaco a la palabra "camuy". Según ellos significa "sol" en dicha lengua. Yo prefiero hacerle caso a la hipótesis de Humberto. Él me ha contado que "camuy" quiere decir "playa hermosa" en taíno. Le creo. Creo que es la más hermosa orilla de toda mi tierra y que de hecho es la más preciosa orilla de mar del Caribe, especialmente justo aquí, Playa Tereque. Pienso que es por eso que tanta gente de otras tierras vienen a parar a esta playa.

A medida que he pasado el tiempo aquí sentada sobre el mangle, he crecido y he visto el cambio tan ominoso que se ha efectuado entre los residuos coralinos y las huellas caracoleñas que ha ido dejando la marea en esta playa, lo mismo que el trapicheo de los vientos y los diferentes olores que con los años este arenal ha recibido y adoptado. Hay quienes le llaman contaminación; para mí que es algo más que eso. Es como si el rumbo de las ráfagas y la espesura de lo que se respira hubiera permutado en algo que ha creado su propia historia y que ha llegado para quedarse de modo siniestro.

Escribo esto y algunas otras ideas que pelean por salírseme del cuerpo para irse a plasmar en el cuaderno gritan arrebatadas de sargazo. Humberto me exige que haga un dibujo de él, y eso intento, pero no lo logro a cabalidad. No soy buena con las artes de dibujo. En vez, comienzo a describir una partitura sobre el incienso transparente que se trae la pleamar entre las algas y las diferentes plantas acuáticas arrastradas por los pies de aquellos que salen de las aguas y corren. Para la mayoría de ellos las algas no son más que una incómoda materia viscosa con la que se enredan en medio del escape y ello no le permite disfrutar de ese momento de revelación, porque en realidad las algas son más que eso. En Japón, por ejemplo, las ven de un modo bastante diferente, hasta el punto casi de la veneración. Como el archipiélago japonés está bordeado por corrientes oceánicas calientes y frías, en sus aguas vive una gran variedad de algas para las que con el transcurso de los años se han encontrado muchos usos debido a la enorme variedad existente: se han identificado más de diez mil especies.

Medran en todo tipo de aguas, desde las heladas regiones polares hasta los calientes mares tropicales. Se las ha considerado la forma más simple de la vida vegetal, según los científicos. Ya que las algas marinas absorben los minerales y el agua a través de toda su superficie, sus "raíces" únicamente cumplen el propósito de dispositivos de fijación. Sus hojas y tallos, denominados frondas, tan blandos y flexibles, les permite oscilar sin romperse de aquí para allá al compás de las olas como si representasen un espectáculo de ballet. Danza clásica de conjunto son estas redes talofitas, unicelulares, pluricelulares, representándose como si estuvieran sobre un escenario acuífero, tan dulce como marino, provistas de una clorofila acompañada de pigmentos de colores variados que la enmascaran y que me llenan las paredes pulmonares al aspirarlas.

El talo de las pluricelulares tiene forma de filamento, de cinta o de lámina y se muestra tan ramificado como los brazos extendidos de Humberto. Comienzo a escuchar los estribillos melodiosos que llenan el teatro listo para el ballet y, mientras observo con viva expectación, sube el telón y se expone a la vista una aldea medieval colmada de barcazas rústicas que se acercan en el horizonte. Se acercan entre las olas y entre las algas como un cuerpo de ballet del teatro del Brasil o de Alemania, de aquellos que se encuentran entre mis libros heredados y que presentan lo que muchos consideran el más magnífico de los ballets clásicos y románticos... la Giselle.

Frente a mis ojos se acuna una infinita variedad de algas marinas que se toman de las manos y empujan las yolas hasta la orilla. Algunas parecen tiernas hojas de lechuga, otras se asemejan a musgo velludo en tonalidades marrón y otras varias a hermosos corales rojos. Las masas de sargazos pardos que flotan son tan enormes en algunas partes del Atlántico Norte que han dado lugar a leyendas sobre espantosos monstruos marinos y barcos perdidos, que han despertado gran temor en los marineros de tiempos antiguos. No en estos marinos que se acercan a la bahía "camuy-playa-hermosa-playa-tereque" y que por el incienso que emanan vienen de lugares tan distantes como Dominicana y Haití, lugares alejados de mi tierra por tan sólo unas cuantas horas de travesía caótica sin luces, sin brújula, sin corrientes cálidas que les resguarden en la noche fría; lugares de un olor tan distintivo como antillano del mismo archipiélago pero de otro distinto litoral, desde donde el pavor únicamente se aferra a quienes se quedan enterrados en la tierra natal.

La melodía fluida pronto se convierte en un vals alegre mientras Giselle y otras campesinas bailan en el festival de la vendimia, rodeadas de bailarines apestosos a libertad, jadeantes de nueva vida en medio de un océano que ha excretado cordilleras. El argumento trata del ardiente deseo que tiene la joven Giselle de bailar, y de su tierno amorío con el duque Albrecht; nativos enamorados de un sueño de liberación y rescate. A medida que ambos bailan un gracioso paso de dos, la belleza nostálgica de la música, —una música que jamás escucharé, que meramente observo, — prepara a los espectadores para lo trágico. El gozo de ella se convierte en locura y termina en tragedia mortal, para luego continuar bailando los dos espíritus desde la medianoche hasta el alba. Lo mismo que los visitantes que arrastran sus algas, que se lanzan efusivos del bote antes de llegar y mueren, permitiendo que lo único que toque la playa sean sus ánimas purgadas.

Entono un ballet sonoro desde el fondo de mi garganta lacerada incluyendo las algas microscópicas que se han tragado el océano, abrazadas a los cuerpos antillanos en un desesperado intento de continuar la huida. Recuerdo el dato que menciona que todas ellas realizan la fotosíntesis unas diez veces más que todas las plantas terrestres juntas. No es extraño, pues, que un sinnúmero de criaturas marinas gusten de refugiarse en sus colonias, puesto que allí encuentran un abundante suministro de oxígeno y alimento. Cierro los ojos y suspiro mientras suplico a Dios que los dominicanos y haitianos que se acaban de hundir lo hayan hecho asidos de ellas y que aún ahogándose, puedan exprimir desde su núcleo un poco de ese oxígeno tan necesario para la vitalidad de sus membranas. Imploro que se alimenten de ellas mientras descienden, mientras se hunden para siempre. "Una vieja, pisó un gato, con la punta del zapato, y el gato, dijo así: Misú, misá. Andeloqui, andeloqui perderás tú, ganaré yo. Pan chocolate y café." Río entonces, luego de haber orado por sus almas, toda vez que Humberto juega conmigo e intenta que me olvide, una vez más, de lo acontecido.

Este grupo se suponía entrara por Hatillo, ya que se habían hecho los arreglos pertinentes con la guardia costera de esa región durante el turno de un tal Filiberto. Pero los vientos y la falta de remos habían hecho su agosto con la embarcación casi a la deriva, y Filiberto había brillado por su ausencia luego de haber colectado los tres mil que le tocaban. La luna les permitió ver la costa de Camuy, y distinguir que la misma no era Nagua, de donde habían salido y cuya probabilidad de que la corriente los arrastrara de vuelta era tan probable como poderosa. Cuando los primeros se dieron cuenta que aquello era tierra, se tiraron al mar y nadaron contra la corriente. Tres de ellos nunca volvieron a salir a la superficie. Otros comenzaron a pedalear con los brazos y las piernas, cual nadadores olímpicos Atenas 2004, pero varios de ellos tan cansados como famélicos, logrando así que el cuerpo se extenuara y cayera en coma o simplemente dejara de respirar. Un puñado, al percatarse por fin de la espuma con que rompían las olas, se dio cuenta que ello era el final del viaje, y entonces por fin, meados, vomitados y cagados, se tiraron al océano donde las piernas, enredadas de sargazo y algas, dieron contra una arena nada movediza y muy prometedora de sueños, escondida entre la corriente, escondida como los cangrejos.

Entonces corrieron. Corrieron dejando atrás el traste de madera que milagrosamente había llevado a destino a la minoría. Algunos se detuvieron para echarse a la boca hojas y uvas playeras; otros se detuvieron a defecar y a tratar de abrir con pedazos de piedras filosas los pocos jueyes que emergían. Una madre corría con su hijo muerto en brazos desde los primeros días de los siete que había durado perdido el navío. Una hermana arrastraba a su gemela que convulsaba y perdía fluidos disfrazada entre la fiebre. Una abuela vomitaba lo último que le quedaba en las tripas, y como si fuera un ave regurgitando alimento, lo daba a tragar a los dos nietos débiles y desnutridos. Y siguieron corriendo. Todos siguieron corriendo. Nueva tierra, nueva vida. Desconocidos e indocumentados, pero vivos. Ilegales y anónimos, pero vivos.

Desfilaron a toda prisa, evitando las luces de las autoridades que habían hecho acto de presencia porque aquel hallazgo no era parte del plan. Esta noche tocaba la vigilancia en esta playa, no en la otra, y la bandera blanca de la libertad se había abierto gratuitamente sobre la de Hatillo, según convenido. No en Camuy. Hoy no le tocaba a Camuy.

Las autoridades lograron apresar a siete, con amenaza de repatriarlos luego de ofrecerles el cuidado médico compulsorio y una buena porción de alimento que todos agradecieron. Recibieron los guardias todo tipo de ofertas para hacerse de la vista larga, algo nada nuevo para ellos. Y así como siempre, muchos llevaron a cabo su profesión al pie de la letra y otros no. Muchos se resistieron al soborno, pero otros lo aceptaron, siendo el pago del mismo algún tipo de premio en metálico que gustosamente pagaría otro familiar ya establecido en la isla o hasta serían recompensados con favores de cama para ellos o algún conocido que saldarían sin duda las jovencitas del clan. Una vez apagadas las sirenas y los silbatos de alarma anunciando la hegemonía policíaca costera, y alejándose la lancha de las autoridades con los rescatados, los que se hallaban sumergidos en las profundidades del pantano salieron a la superficie respirando con dificultad y padeciendo alguna que otra picadura de barracuda o palanca de juey poco alarmante.

Yo los observaba desde arriba, trepada aún sobre las faldas de Humberto, que ahora para calmar mi ansiedad acunaba mis miedos con la tonada musical de la señorita Elena que estaba en el baile, que lo baile que lo baile, y que si no lo baila, tendrá un castigo malo, pero malo, malo, malo. Saque usted, que la quiero ver bailando…

Entonces enumeraba detalladamente la cantidad que debajo de mí corría a intentar salvarse de toda aquella situación. Que debajo de mí intentaba redimirse de un pasado clandestino a merced de sicarios que jugaban y se hacían ricos traficando con sus vidas y las de sus familiares. La cantidad aquella que debajo de mí continuaba la carrera interminable de querer alcanzar la felicidad, fuera donde fuera, ignorando límites territoriales y fronteras de aguas asesinas. En esta ocasión, gozándome tal exoneración con sumo alivio, mientras documentaba estoicamente en mi libreta y a pesar de los pesares, conté veintidós.

27

Algo debe estarle sucediendo a mi Vitito, mi niño hermoso. Algo perturba su mente. Me siento un fracaso de madre. Quisiera poder dedicarle más tiempo a sus pesares, a sus frustraciones, el modo en que la escuela y sus maestros le han dado la espalda es aberrante. Quisiera abrazarlo como cuando nació, y era infante, y yo lo acunaba entre mis brazos y le cantaba la nana que mami me había enseñado y que era un tesoro generacional:

♫ Pimpollo de canela, lirio en capullo,
duérmete vida mía, mientras te arrullo,
duérmete que del alma un canto brota,
y un delirio de amores es cada nota.
Calla mientras la cuna se balancea
Que Vitito tiene sueño, bendito sea ea, ea. ♫

Pero es que es tan difícil acercarme a él. Vitito se encuentra en una etapa difícil de adolescente rebelde y encima sin una figura paternal que le oriente. No tengo hermanos, fui hija única. Mi padre murió hace muchísimo tiempo ya. La familia de mi ex esposo y yo no mantenemos ningún tipo de comunicación. Vitito se me escapa de las manos como la arena y veo tal tragedia como un asunto irremediable, como un viaje trasatlántico que no puedo hacer cambiar de rumbo.

Aquí acostada en mi cama, intentando que me rapte el sueño para poder descansar lo suficiente e irme en la mañana de nuevo a mis labores en la farmacéutica, intento descifrar todos mis problemas. Trato ilusamente de darle respuesta a todo.

Desearía tener más dinero, o al menos un hombre que se halle a mi lado y lo posea. No tendría que amarlo, sólo bastaría con disfrutar de su seguridad económica y social y yo sería muy feliz. Y mis hijos serían felices conmigo. Añoro tanto la compañía de un hombre bueno, disponible, que deseara entablar un hogar conmigo, y no que me viera como aventura de una noche, como plato de segunda mesa. Me encantaría poder borrar tantos años

87

de soledad en compañía de una casa con techo de aluminio y estructura cubierta de lágrimas. Lágrimas, miles de ellas. Lágrimas que despidieron a mi padre, luego a mi santa señora madre. Lágrimas que vieron marcharse a Antonio, que leyeron su vergüenza desde el fondo de sus ojos; ojos que me acusaron y me hicieron sentir incompleta, mujer incompleta, mujer incapaz de dar a luz una criatura sana, con todas sus partes. Mujer incapaz de complacer a un hombre en su deseo de abortar el segundo bebé por razones monetarias, porque la piña estaba agria, porque no abundaba el dinero y no se estaba preparado del todo. Mujer insuficiente que había intentado todo, que había tomado toda clase de mejunjes y pociones para malograr la criaturita, para que ésta ni se arrimara a este maldito mundo que parecía no tener quien le detuviera. Un mundo construido de lágrimas, y de desilusiones, y de rabietas por no lograr los sueños, por no lograr las metas de nadie. De nadie.

Lágrimas con aspecto coralino, tan coralino como los arrecifes del Pacífico oriental. Corales de cuatrocientos años de existencia impregnados de lágrimas de sal en el gravemente decolorado peñasco en mitad del océano. La grave decoloración, sin duda provocada por el llanto inconsolable de Karen, ha indicado en más de una ocasión que el calentamiento global ha tenido consecuencias drásticas en los arrecifes coralinos, y tal vez hasta prediga el futuro de éstos si se da el caso que el efecto invernadero resulte en temperaturas aún más elevadas. La piel de Karen siempre se eleva con cada preocupación. En ocasiones despide un olor a hojalata, un olor metálico que en un principio únicamente podía percibir su hija. Ahora ya no, ahora ella misma, luego de bañarse, se lleva las manos a la nariz y lo percibe.

Lamentablemente, es casi seguro que el calentamiento de la Tierra y el deterioro del medio ambiente persistan y se acentúen, lo que aumentará la frecuencia de los ciclos de decoloración por todo el mundo, especialmente los que se dan lugar dentro de los cristales de agua salados en las lágrimas que se resbalan por las mejillas de la madre de Kapuc.

Karen comienza a sentir que pierde la batalla con Morfeo y voltea el rostro hasta la esquina de la habitación. Allí ha dejado encendida otra nueva vela del Gran Poder. Antes de lanzarse a su matress ha rezado por el bienestar de ambos, sus hijos amados. Ha rezado por su situación con José Enrique, ha rezado para que él la perdone y le diga que la ama. Que la abrace y le confiese que aquella señal era justa la que él esperaba para abandonarlo todo e irse con ella a iniciar una nueva familia, lejos de la esposa loca y de los tres hijitos engreídos. Reza para recibir valor y poder contárselo a alguien, a Manena, a quien trató de confesárselo esta noche pero se echó para atrás con cobardía, bañada en fangos de miedo y pavor. Reza para que la muerte la sorprenda durmiendo, sin dolor, como única solución a todos sus problemas.

Sueña con millones de estructuras metálicas que se construyen dentro de su cuerpo, —de su cuerpo humano— no del artificial que flota de día entre las gentes que no logran entenderla a pesar de que les habla en un idioma parecido al de señas. Lleva una batata entre sus brazos y, asombrosamente, la principal parte de la edificación metálica, nace desde su pequeña matriz. Logra identificar dentro de la estructura a una cuna. Este órgano, en forma de pera invertida, consiste de tres partes; el cuerpo principal en forma de herradura y con sabor a herrumbre, la cerviz inversa que late y presiona hacia fuera sus brazos para que deje caer la batata y un puente o conducto que supura pus. De la matriz una voz le grita "Asesina". Se lo grita tantas veces que la hace llorar y afiebrarse. La matriz se vuelve larga y algo elíptica en la parte superior mientras continúa creando pujos. Las contracciones hacen que le duela el vientre, que se vuelve más ancho. Karen ve paredes gruesas de músculos fuertes, con un volumen interior tan delgado como el propio útero. De uno de sus pezones cuelga un dedal poroso. A los costados, cerca del cuello abarrotado de perlas cultivadas, se ramifican las dos trompas de Falopio, que comienzan a truncarse y a hacerle presión.

Asfixian, asfixian. Un leve ángulo, debajo de esas trompas, también se ramifica hacia los dos ovarios, encadenado con las cruces de los velones que enciende en la noche, pegadas a los ligamentos, cada uno ubicado cerca de la entrada de la boca. Los ovarios, que normalmente serían del tamaño aproximado a las almendras descascaradas, también han comenzado a recrecerse y a metérsele por los labios, y el canal interior de las trompas de Falopio, que tienen el diámetro aproximado de un pelo, se han engrosado hasta parecer una boa constrictora para colársele por la nariz.

Karen emitió un grito tan fuerte que levantó a Vitito que dormía plácido en la otra habitación. El reloj marcaba las dos y veintiséis de la madrugada. Vitito, luego de descubrir que nada malo sucedía en el hogar, se sentó al lado de su madre en el colchón y trató de calmarla. Estás teniendo otra pesadilla, mami, le dijo nuevamente. Tal suceso se había estado repitiendo con demasiada frecuencia por las pasadas semanas. Algo debía de estarla atormentado de manera monstruosa para que su madre, de modo tan repetitivo, tan reiterativo, estuviera teniendo aquellos sueños que no le permitían descansar tranquilamente. Vitito le ofreció tomar un vaso de agua. Karen aceptó sudorosa y mientras el nene fue por el vaso, trató de situarse nuevamente en su hogar. ¡No estoy en otro lado!, se dijo. No estoy en otro lugar. Estoy aquí, estoy en mi casa, vivo con mis hijos y no he muerto. Aún no me he muerto.

Se llevó ambas manos al vientre y dejó que el llanto la abrumara.

28

Ahora que la soledad ha invadido la playa —ya no más documentados, ni patrullas costaneras, ni carreras o escapatorias—, Kapuc salta de los brazos de Humberto y camina hacia las olas. Allí frente a las nubes que esconden la luna, lleva a cabo el ritual de limpieza y despojo que alguna vez le enseñara su abuela. Está sola, completamente. Sabe que es así porque sus orificios nasales se lo confirman. Todo lo que percibe en adición a los olores de la playa, es el olor de consideraciones cítricas que para ella ha creado el árbol manglar. Humberto envuelve su corteza en una alfombra de limonero y en ocasiones emite capullos ovoides, tal como lo haría el naranjo, lleno de pezones salientes en la base, de cáscaras lisas, arrugadas, surcadas según las facetas, y de color amarillo; su pulpa biliosa dividida en gajos y su lengüeta jugosa y de sabor ácido hacen la estadía de la niña más apacible. Se vuelve rutáceo, de hierbas dicotiledóneas, y perennes para hacerle la vida más fácil a Kapuc, para que la trayectoria en su entorno no sea tan accidentada. Se vuelve florido, ronco, liso y ramoso, para que ella descargue sonrisas mientras atestigua la dureza de la vida frente a sus ojos. Se hace de copa abierta y hojas alternas elípticas, dentadas, duras, lustrosas, pecioladas y de un hermoso color verde con capullos olorosos, de color de rosa por fuera y por dentro para que el mutismo, la observancia muda, sorda que aborrece el alma, no cale tan hondo en sus entrañas.

Kapuc se acerca a la rompiente y cierra los ojos. Evoca a la abuela Petronila y sueña despierta que todavía la persigue por los callejones con una mezcla de olores a batata, a aceitunas y a papas. Las papas Petronila las cosechaba en su huerto en honor a los incas, ya que cuando los españoles llegaron a Perú esa era la base de su economía, y ella relataba toda clase de fábulas en torno a estos indígenas sabios. Le hacía jurar a Kapuc que cuando ella fuera más grande estudiaría las civilizaciones amerindias para aprender de ellas los misterios de la vida, y Kapuc lo prometía. Acto seguido, corría la niña hasta la playa, ya entrada la noche, y al llegar a la orilla se bajaba las pantaletas y dejaba escurrir el chorrito ámbar. Kapuc reía. Reía tanto con la abuela. Y la imitaba. Bajaba sus pantaloncitos de volantes y vivos rosados, se eñangotaba y tiraba el hilito amarillento bilioso.

Eso mismo hizo ahora. Se acuclilló dejando atrás los panties de algodón verde menta, y marcó el rastro de su esencia sobre la tierra. Salió calientito. Entonaba "La rueda más hermo... Sa. Que hay en Puerto Ri...Co. Daremos un brinqui...To. Caracolito de la mar..." cuando finalmente se dio cuenta que algo adicional a Humberto traía el cuerpo impregnado de agrios dulces. El olor cítrico sobrepuesto que ahora emanaba de modo artificial y misterioso, le hizo saber que alguien más permanecía en los alrededores.

29

Se quedó dormida nuevamente. La primera etapa de su REM esta vez la llevó por un viaje hacia la construcción de un nuevo humano. Comenzó en los ovarios, cuando éstos produjeron un huevito maduro. Continuó viendo el minúsculo huevo del tamaño de la punta de un alfiler, apenas visible, hallando la entrada parecida a una trompeta. Luego pasaba lentamente por un éxodo desde el canal rumbo al útero.

El huevito entonces, nadaba rumbo a su cerviz, hacia arriba por la matriz y por la trompa de Falopio, "buceando" hacia el destino sin remedio. Soñó también que los núcleos del espermatozoide y el óvulo se combinaban para iniciar la vida de un nuevo humano. Millones de células de esperma la ahogaban; primero la sacaban a bailar, luego intentaban estrangularla.

Fue sintiéndose sin aire, que Karen nuevamente se levantó agitada, esta vez sin griterías, pero claramente afectada. Mañana pediría unos días de asueto en Recursos Humanos.

30

SE AHOGAN TRES ILEGALES EN CAMUY, leía el titular de el periódico EL VOCERO de Puerto Rico la madrugada siguiente. La periodista comenzaba haciendo referencia a la pobreza de la que escapaban los ilegales, específicamente el caso de tres mujeres a las que habían encontrado ahogadas. Se reseñaba la falta de oportunidades que no les permitían luchar por un mejor porvenir para ellas y sus familias, las ansias de hacer un poco más de dinero de lo que habían logrado cómo detonante de lo que quizás había alentado a las mujeres a emprender la difícil travesía desde la República Dominicana hasta la costa de Camuy. Pero la suerte no había estado de su lado, y lo que había comenzado como una ráfaga inocentona de vientos en mar abierto, había culminado en una fuerte ola volteando la embarcación y haciéndoles perecer ahogadas.

Vitito leyó la noticia, mientras esperaba por la llegada de los compinches. Se rascó uno de los brazos y luego se sopló la nariz. Dobló el periódico por la mitad y se lo puso debajo de la axila. Se encendió un cigarrillo de marihuana para relajarse y tarareó una canción de rap mientras daba algunos pasitos de perreo con alguna chica imaginaria a la que azotaba en las nalgas y apretaba por las caderas. No tardaron en llegar Raúl Baúl y Carmelo Caramelo.

What's up, bro? ¿Qué es la que hay?, fue el saludo entre la triada con un juego de manos que se abrían palma adentro y se cerraban puños afuera para írselos a chocar entre todos. Raúl fue el primero que habló luego de encenderse un turro para él. ¿Cuál es laque? ¿Vamos a hacer el trabajito?, ¿Sí o sí? Carmelo habló extremadamente alto. Me parece que ese trabajito de la gasolinera esta medio difícil. Hay un nene de los que se   gradúa este año que hace un part time allí, y si se nos escapa un tiro y se nos muere el pobre, más vale que no nos vean ni la mierda cuando echemos a correr. Y Vitito, por su parte, habló extremadamente bajo. Habrá que meterse con lo de Filiberto, que dice él que eso deja mucho dinero.

Raúl brincó y le mentó la madre a todos los dominicanos sucios que conocía. Yo no me quiero casar por tres mil trapos de pesos. La gasolinera puede dejarnos más dinero. Mientras Carmelo se lo vacilaba y le decía que cuánto dinero creía él que guardaban en la caja registradora, Vitito estuvo de acuerdo con Raúl. Él tampoco tenía intenciones de casarse con ninguna dominicana, muchos menos si no era Sara. Sara era la dominicanita más linda y más suculenta que él había conocido jamás. Bueno— añadió Carmelo, —pero es que lo del plan de Filiberto no tiene que ver nada con boda. ¿O a poco te crees que a nuestra edad, y sin emanciparnos, nos van a permitir casarnos con cualquiera? No importa que sea Dominique o boricua, no podemos hacer eso. Yo lo que creo es que hacemos bien en tomar el trabajito ese de transportarlos desde aquí hasta Santurce, y cobrarles por el viajecito. Quién sabe si nos hacemos de muchos chavitos.

Vitito todavía fantaseaba con Sara y la veía entre el humo del cigarro que transpiraba bailándole como las chicas del belly dancing. Si tan sólo fuera un tipejo decente para tener un buen trabajo y declararle que le gustaba ella. Si tan sólo se atreviera a decirle dos palabras más allá de las que acostumbraba "estás bien buena, ricura". Si tan sólo pudiera robarle un beso a esa cabrona que lo traía de medio lao.

Raúl adjudicó de riesgosa la operación "movimiento de carga dominicana". Carmelo le llamó el único pendejo que no se estaba lucrando de la economía regional. ¡Que no ves que más de medio Playa Tereque compra y vende a costa de la sangre de los brutos esos! Mi primo hace mil pesos a la semana llevando y trayendo, y cuando le va mal o uno de los dominicanitos se niega a pagar lo acordado, lo desaparece del mapa. Total que nadie lo va a extrañar si no existe, para los efectos. No tienen papeles, como quien dice nunca entraron al país. Vitito protestó por los mil pesos esos. Sabía que se hacía más vendiendo droga. Sí pero vendiendo droga te agarran más fácilmente que la mierda esta de llevar los dominiqués a Santurce, estúpido. Supe que hasta la policía está envuelta en eso, con la mierda de sueldo que les paga el gobierno necesitan un chivito por el lao. Vitito volvió a protestar insistiendo en que vendiendo droga también había policías involucrados, que era cuestión de saber hacer las conexiones y jugárselas de pancho cara e' queso.

¡Mira, mano, haz lo que te salga del forro! Yo pienso ir esta misma tarde a hablar con Filiberto. Tanto él como el esposo de Manena son los dueños del bizcocho de este lado del mapa, Carmelo se tragó una Percoset que había comprado esa mañana y se agarró los genitales, cosa de que no se les cayeran en medio de tanta peste a guapo. Bueno, cálmate mijito,—le dijo Baúl. —Vamos contigo, ¿verdad, Vito? A fin de cuentas somos un equipo.

Por toda respuesta Vitito exclamó: Necesito tirarme a la Sarita.

31

Karen llegó a su oficina con ojeras y habiéndose bebido dos tazas de café que parecían burlarse de su mala noche. Humberto, el guardia de seguridad de la farmacéutica, la miró extrañado, sabía que algo le pasaba. La detuvo en la puerta de entrada sin importar que otros les miraran.

¿Qué sucede? ¿Estás bien, están bien tus hijos? Que él le preguntara por sus hijos era algo que siempre lograba enternecerla.

Parece que me va a empezar un catarro, anoche apenas pude dormir nada. Gracias por preocuparte.

Karen cortó el diálogo demasiado pronto y los deseos de Humberto de ofrecerse para irle a comprar algún remedio o para llevarla devuelta a su casa esa tarde, por si ella no podía guiar, se quedaron descolgados.

Me siento exactamente igual de terrible que cuando el especialista de Kapuc me dijo que la pobre nena había perdido el sentido de la audición. Se trata de una sordera neurosensorial, había dicho. Acto seguido me había preguntado si yo había tenido complicaciones en el embarazo, y por supuesto que le me mentí. ¡Claro que no!—le dije. Le pregunté entonces qué significaba exactamente aquel diagnóstico, y me explicó que mi hijita no podía oír el habla ni la mayoría de los demás sonidos. Enseguida me pregunté: '¿Cómo ha podido suceder? ¿Cuál habrá sido la causa?'. Pero supe las contestaciones a aquellas preguntas tan pronto habían hecho acto presencial en mi mente. Estaba abrumada, destruida por completo. No sabía qué hacer.

A la semana siguiente regresamos al hospital, y el especialista entonces habló de las opciones que teníamos. Explicó que uno de los métodos, el oral, se centraba en el desarrollo del habla y de la lectura de labios. Otro consistía en aprender el lenguaje de señas, el que utilizan los sordos.

Existía un curso de lenguaje de señas que con el tiempo incorporaba nociones de lectura de labios y técnicas del habla. El especialista también recomendó el uso de audífonos para aumentar el más mínimo vestigio de sensibilidad auditiva que tuviera Kapuc, así que fuimos a un audiólogo cercano, y este le adaptó a los pabellones auditivos unas piezas plásticas anatómicas conectadas a unos audífonos, que más adelante descartamos por lo oneroso de las evaluaciones y los ajustes.

Recurrimos al método oral y centrarnos todo en el desarrollo del habla y de la lectura de labios. Cabía la posibilidad de que Kapuc aprendiera a hablar hasta el grado de hacerse entender. Pero pasarían años antes de saber si podría lograrlo. En el ínterin, mi vida se derrumbaba y mi marido nos abandonaba.

Me desanimaba sobremanera cuando oía a otros niños que decían "mamá" o trataban de pronunciar el nombre de alguna cosa de la casa. La perdida había sido periódica, así que durante los primeros años, ella sí escuchó. Luego, dejó de hacerlo sin razones ni por qués, y el propio médico nos decía que nos aferráramos a la esperanza, porque en cualquier momento ella podría escuchar de nuevo. Lo cual nunca sucedió y supongo que no sucederá.

Aquellos fueron momentos cruciales para mí. Pensaba en la nena, no podía soportar la idea de que creciera sin escuchar mi voz.

32

A Vitito ninguno de ellos les hacía caso, con el disco rayado ése de la maldita Sara. Que ni era tan fabulosa ni tan linda. Para empezar, decía el Baúl, parece que le han dao' con un sartén en la cara, o que le ha caído una plancha en medio del cholo. Nalgas paraítas tienen varias más en la escuela, especialmente algunas que no querían cagar más arriba del culo, y la Sara esa era un fundillúa y una comemierda. Y Fooooo!, era dominicana, Vito, por favor, ¿qué mosca te picó?

Hijoeputa, como si tú no tuvieras familia dominicana, canto de canalla, le gritó Vitito terminándose el moto. Por toda respuesta, Baúl se alzó de hombros y le enseñó el dedo del medio, luego se agarró lo que le colgaba en la entrepierna. Finalmente acordaron ir a hablar con el tal Filiberto en la noche a la playa de Hatillo, porque esa noche le tocaba al Coast Guard hacerle la guardia a Hatillo, no a Playa Tereque. A Playa Tereque le había tocado anoche.

Kapuc frotaba y frotaba con violencia; parecía una hebrea en tierra egipcia realizando tareas extenuantes. Aunque los pueblos antiguos redondeaban y pulían las piedras preciosas, parece ser que no solían labrarlas en facetas, como en tiempos modernos. Kapuc lo sabía, lo había leído y memorizado. Los hebreos y egipcios, sin embargo, utilizaban el corindón o el polvo de esmeril, un abrasivo como la lija para pulir las piedras preciosas, a la vez que para ellos también era normal tallarlas o grabarlas. En un libro de historia antigua y medieval se mencionaba que los hebreos ya grababan las piedras preciosas mucho tiempo antes de su esclavitud en Egipto, donde también se practicaba este arte. Lo mismo hubiera querido hacer Kapuc ahora mientras limpiaba con el furor y la insistencia que la preocupación le interponía. Atada en esclavitud a la obsesión que acechaba su cabeza, lo demostraba limpiando las superficies de su hogar, pero más que limpiarlas, las pulía, las limaba y las bruñía al intentar dejar grabadas en ellas los mensajes encriptados que tan sólo su soledad podía descifrar.

Hoy el mensaje inescrutable se hallaba teñido de verde limón con flores de azahar y secretos de naranja. Se hallaba camuflado en un rostro escondido de sabores tan agridulces como elípticos. Kapuc se recriminaba no haber tenido más cuidado, no haber sido más cautelosa. Había cometido la indiscreción de confundir el olor de un extraño con el olor de Humberto, su árbol querido.

Gigantesco y majestuoso, Humberto era como un baobab erguido que no debía ser confundido jamás con nada ni con nadie. Contrario a lo que sucedía en el planeta de El Principito, donde los baobabs eran considerados plagas, éste crecía como toda una bendición que infestaba su corazón sordo. Crecía en la sabana junto a varios otros, a lo largo de la costa e incluso como si se reprodujera en las laderas del Kilimanjaro. "El baobab — decían algunas personas— era un árbol botella, porque durante la breve estación de las lluvias, sus esponjosas fibras absorbían una gran cantidad de agua, que se almacenaba en el tronco como reserva para la estación seca." Con Humberto también sucedía que el agua de lluvia y el rocío se le acumulaban en algunas partes de su tronco, casi siempre partes huecas, por lo que siempre alardeaba de ostentar un alto contenido líquido. Durante la estación de las lluvias se transformaba en un inmenso y lujuriante jardín; y al mediodía, cuando el sol estaba en su cenit y era difícil encontrar sombra, las cocolías se apretujaban fuertes, unas contra otras y contra las paredes de barro rojo de sus improvisadas casas en el baobab.

Entonces, puesto que éste árbol se había tomado la molestia de mutar en su especie para cobijar de modo más atento a Kapuc, ella mejor que nadie debería saber cuándo cualquier cambio en sus alrededores se llevaba a cabo. Se daba cuenta, por ejemplo, cuando las pocas hojas eran el único vestigio de follaje que se divisaba en medio de la arena y la hierba seca, lo que traía como consecuencia la proliferación de hormigas para que más adelante la irremediable muerte de éstas trajera fenómenos atmosféricos tales como tormentas o huracanes. Aunque Humberto era muy resistente a todo lo que sucedía en su entorno, y se afectaba poco para proteger a su Kapuc, aquel desliz sin duda alguna lo habría de poner triste. Su capacidad para soportar el riguroso entorno ilustraba muy bien el celo y el valor de su ecología, pero ante la vacilante actuación sobre su propia naturaleza, irrumpía en llanto.

Kapuc no lo había sentido particularmente triste luego del asunto; ni siquiera lo vio llorar en grado superlativo, pero sí había notado una desilusión que tendría que zanjar con él durante alguna de sus noches.

Aún frotando las superficies que se le interponían de frente para ser aseadas, Kapuc hizo un alto y se sentó en el balcón. Temblaba. Había sentido miedo, mucho miedo. No únicamente porque la presencia de otro ser se había camuflado hasta el punto de hacerse casi invisible, sino porque la había descubierto a ella en medio de un acto demasiado privado.

Pensó en no regresar hasta tanto no supiera lo que sucedía, pero lo descartó puesto que tenía que limar asperezas con el manglar. Luego supuso que sería buena idea hablar con algunas de las autoridades que daban rondas preventivas por la orilla de la playa, y que ya estaban acostumbrados a ella y no la molestaban, suponiendo, claro, que ella era retardada mental y que no representaba mayor riesgo. Sin embargo, si hacía eso, se darían cuenta de que sabía más de lo que ellos sospechaban, y   supondrían que representaba un peligro inminente especialmente para la uniformada corruptible.

No sabía a ciencia cierta qué hacer. Haberse encontrado con los dos pares de faroles que la estudiaban con asiduidad no fue un descubrimiento agradable. Sí pudo percibir el olor del miedo emanando del ser invasor, como también pudo darse cuenta de que tan pronto ella diera un paso hacia el frente, él correría en la huida, que dicho sea de paso, fue precisamente lo que ocurrió. Los ojos salieron disparados en dirección contraria a Kapuc y a Humberto, llevándose consigo el lápiz que ella utilizaba para sus documentaciones. No lo había podido distinguir del todo, pero su intuición le aseguraba que era un muchacho, muy probablemente de su misma edad.

33

Para esa noche los periódicos no reseñaron ningún hallazgo de indocumentados arribando a la isla, a pesar de que yo llegué a contar hasta treinta y seis.

El río Camuy, que nacía en Lares, penetraba nuestro pueblo desde el sur este y le servía de límite con Hatillo. En un punto entre los barrios Ángeles de Utuado y Callejones de Lares se hace subterráneo y misteriosamente llega hasta Playa Tereque. Sale definitivamente a la superficie ya entre los barrios Quebrada de Camuy y Ballena de Hatillo, después de haber recorrido bajo tierra poco más de cuatro kilómetros.

Yo había descubierto este corredizo por los tantos años de caminatas y paseos dentro del barrio y sus alrededores. Caminaba de luna a estrellas, pocas veces durante el día. Pero la lógica no apuntaba hacia otro lugar que no fuera ese, en términos de los documentados. ¿Qué hacían? ¿Por dónde se volvían invisibles? ¿Cómo era que de pronto desaparecían?

Si bien era cierto que una vez tocaban tierra sus pies se disparaban hasta despedir candela como cuando se enciende un cerillo, también era cierto que ilógicamente desaparecían de pronto y ningún contingente policiaco era capaz de seguirles el rastro.

La razón era el río. El río, sus afluentes y el cauce que milagrosamente se tragaba la tierra camuyana, arena Tereque. Entonces, debido a su estratégica ubicación en la costa norte de la isla, expandía sus límites más allá del Océano Atlántico por el norte, con Lares por el sur; con Hatillo por el este, y con Quebradillas por el oeste. Hacia cualquiera de esos puntos habría algún modo de escape.

En el pasado, la economía de estos territorios se había basado originalmente en la explotación de ganado vacuno, que se criaba salvaje en los bosques casi impenetrables que cubrían estas tierras. Más tarde se inició el comercio maderero. En un aserrío situado en la margen del río se aserraban troncos de árboles tan valiosos como el aceitillo, el cedro, el quitarán, el capá blanco, la maga, y hasta el guaraguao. En aquel momento tal riqueza parecía inagotable, pero aquella explotación irrazonable acabó por destruirla. Además de madera y ganado el hato producía café, maíz, melao, arroz y tabaco.

La que se considera la primera belleza natural de Puerto Rico se encuentra en este municipio, las cuevas del Río Camuy. En ellas se ha construido un parque y se han dotado de guías que llevan a los visitantes a través de la famosísima cueva Clara, entre otras. Pero Camuy posee cavernas inexploradas, que adornan las noches de llegada en yola y que guarecen a los recién llegados sin un techo en donde pernoctar. Los he visto con mis ojos adentrarse en ellas, no demasiado profundo, ya que los que así lo han hecho, no han vuelto a salir.

34

En ocasiones los de la guardia costanera se han adentrado hasta el manglar persiguiendo a los ilegales, pero cuando éstos comienzan a bordear el río y a desaparecer como por arte de magia, desisten en la carrera. En un principio los de la guardia se morían del susto y se complicaban su vida y la mía, mandándome a bajar del árbol y llevándome al cuartel de la policía más cercano, en donde algún retén familiarizado les indicaba que yo era la mudita del barrio, que me dejaran en paz.

Ahora cuando se adentran a las aguas pantanosas buscando a los que se esconden dentro de las raíces aéreas de Humberto, me alumbran con las linternas, saludan y continúan buscando convencidos de que yo no sé nada de nada y de que si de casualidad supiera algo, jamás se lo podría comunicar. Tontos del culo; yo todo lo que tengo que hacer para entender sus preguntas es leerles los labios y luego escribirle las respuestas, pero sé que si aún ellos insistieran en eso, a mí igual no me daría la gana.

Cuando pasa el tiempo y estrenan nueva brigada de oficiales que deciden realizar su trabajo de forma digna y no permitir que los sobornos les aflojen las rodillas, comienzan a darse en las noticias los eventos de las nuevas redadas y los nuevos encuentros de ilegales que arriban. O que haya un alza en los precios de la entrada al país. Entonces se atiborran los periódicos y los noticiarios. Se crea una hemorragia de dominicanos monstruosos que arriban a la isla por drones y que se han de instalar aquí para quitarnos nuestros puestos y salarios en las corporaciones, como lo diría mamá, y que trabajarán en la construcción por menos de la mitad del sueldo, que para ellos viene siendo lo mismo que un salario de ricos, y que enamoraran a nuestras mujeres por ser machistas y a la mayoría de las mujeres esos son los tipos que les gustan, y contaminarán nuestra religión con una madeja de creencias africanas pulguientas que van desde el santerismo hasta el vodoo.

Lo mismo sucede cuando estrenan sargentos, tenientes, capitanes o hasta superintendentes. O cuando una epidemia de moralidad arropa a ciertos sectores. Las políticas, como les llaman ellos, cambian, evolucionan, y ellos deben hacer su trabajo porque los vigilan en el nuevo puesto para que no cometan delito alguno ni acto alguno de corrupción. Ellos le llaman delito a recibir dinero de los que llegan en las embarcaciones. Y les llaman corrupción a la utilización de recursos municipales para transportar a los que salden un buen precio y paguen todo el boleto hasta Santurce o Loíza. A veces el delito también tiene que ver con permitir que los acarreros externos, que no son de la uniformada, lleguen hasta la playa y se lleven a los ilegales hasta Carolina o Llorens. A veces tiene que ver con no darle de palizas al más listo de todos que se niega a pagar una cantidad de dinero mayor a la antes acordada y aunque ellos no tienen la razón, por el mero hecho de ser policías, de tener el poder, eso les da el permiso de usar sus macanas.

Yo voy escribiendo todo lo que atestiguan mis ojos. Quizás algún día, será productivo revisitar esta crónica.

Esa noche Vitito y sus compinches se les presentaron a Filiberto en Hatillo. Observaron cómo es la cosa, como fluye toda la operación. Los que entran por Hatillo en esa madrugada es porque son rebeldes y se han lanzado solos y sin padrinaje, entiéndase, sin pagar los sobornos del arribo a la isla, o porque su embarcación se ha perdido y ha dado la mala leche que han ido a parar allí.

Todo es un pago, todo es un permiso del cual se requiere un lado monetario. Vitito quiere guisar. Los demás también, quizás algo reservados. Vitito quiere codearse, quiere tener dinero. Quiere a Sarita. Va por buen camino.

35

Es tan temprano para llorar
Lourdes Cantellops

Villa Taina le había guarecido bajo un árbol que chupa sal. Algunos lo habían visto trepado y se asustaban. Corrían aún más como alma que lleva el diablo. El miedo es el mejor combustible para hacer a la gente escapar.

Le pasan de largo, dándole duro a las piernas y a los brazos, recortando el sereno de la noche o la madrugada, esperando por el sendero de horas a que le de la bienvenida, con la oscuridad de frazada, tan esencial para asegurar la evasión.

Avanzan sus extremidades en mitad de la carrera y sudan, tanto que varios se desvanecen y se caen. Se vuelven a poner de pie, sólo para volver a caerse más adelante, sin importarles que detrás los persigan oficiales de la marina, en cuyo caso se les ofrece un soborno y dejan de perseguir.

Entonces la arena se vuelve más amigable y los recibe, y los ve montarse en las embarcaciones grandes y pequeñas, persignándose la mayoría, esperando que aquel no sea un viaje especial, sino uno común y corriente que los llevara hasta la isla de las libertades y la felicidad verde. Dicen que allá la gente se limpia las nalgas con fajos de dinero.

Llegan cortados y sangrando por las heridas, con moretones en las encías y las rodillas en carne viva, deshidratados, muertos. Continúan la huida conscientes de no querer regresar. No desean regresar.

Si el viaje es especial, es destinado a que todos perezcan, casi siempre se dirige a la Isla de Mona, sedienta de cadáveres irreclamables como el de algunos cubanos expatriados, criminales, y queridas preñás. Ninguno lo sabe. Los viajes especiales son para mujeres con barriga cuyos maridos pagan una suma pequeñita para hacerles creer que las mandan a otro país, cuando en realidad las mandan a otro mundo. O son viajes para tigres con deudas cuantiosas de droga o juego, y le sucede lo mismo a la embarcación. Esta desaparece. De vez en cuando, y sólo de vez en cuando, una de esas embarcaciones sí llega a la costa del fajo de billetes verdes.

Samuel aprendió a escribir en la escuela. Fue todo lo que aprendió. Pero desde que perdiera a su madre en una epidemia de varicelas, y dejara de ver a su padre fugado en alguna lancha hacia Puerto Rico, estaba solo, muy solo, y no había aprendido nada más.

Se sentaba horas en el manglar de Villa Taina y trataba de ganarse unos cheles contando los tripulantes. En noches de escasez, podían levarse en anclas hasta 250 o más, en diferentes embarcaciones. Los viajes más baratos eran los que más duraban, los que carecían de remos o motores. Los más caros casi siempre llegaban sanos y salvos. Samuel quería montarse en uno de los caros, en donde se decía que uno ni se mareaba y que llegaba a la costa de Tereque casi de inmediato. El canal de la Mona, por donde se metían las yolas, abría las fauces y se los tragaba para vomitarlos a un mejor más allá, sea cual fuere. La mayoría ya se conocía los destinos: Las Ruinas en Aguadilla, Punta Guanaquilla en Cabo Rojo, Playa Tereque en Camuy.

El Servicio de Inmigración y Aduanas no come cuentos. Si los encuentran los deportan. Los regresan al país en un abrir y cerrar de ojos. Pero si quienes los hallan pertenecen a la guardia municipal o a los patrulleros costaneros, entonces el trámite es más sencillo. Es cuestión de suerte o de saber los días en que se juega el juego. Había dominiqués deportados en dos ocasiones y ese último viaje era su tercera vez. La tercera la vencida, decían muchos.

Samuel pinta los colores del mangle con carbón. Para él representan una pared de troncos y raíces torcidas y enredadas. Por alguna extraña razón intuye que alguien además de él pinta, pero con acuarelas, el otro lado de la costa desde donde debe dormitar también un mangle. Por encima de la superficie del agua, los bulbos caen en cataratas y a Samuel le da la impresión de que algún día puede convertirse en escultor y labrar un árbol como aquel, o más majestuoso. Se hace oscuro con él, y salado como él. Y tiene la tonta inquietud de que una esencia cítrica se desprende entre el monstruo marino y él.

Samuel escribe, cuenta, lista, enumera. Lleva años esperando el día. El día en que le digan, "móntate muchacho", y que no lo engañen ni lo lleven a Mona o lo abandonen en la orilla del fajo de billetes y lo deporten. Y todo, claro, gracias al reflujo y flujo de las olas, de la salinidad del rompeolas, de la luminosidad de la marea que todo este tiempo lo ha protegido.

Escribe sobre los que se escapan con el mismo fervor que documentó antes los últimos días de las abrasiones en la piel de su madre. Escribe sobre sus relojes internos, sobre sus marcapasos ecológicos, que ya le dice "es tiempo", que ya le dice "viaja, conoce otra cosa, no te queda nada acá, nada". Él sigue escribiendo, sigue colaborando, marcando el tiempo. Sigue marcando el tiempo. Y ese mismo tiempo se va. Se va y Samuel quiere irse con él. Quiere irse.

Y lo logra.

36

La noche en que entró Samuel por Playa Tereque, la Marina de Guerra Dominicana realizaba un operativo. Cabo Rojo debió haber sido el punto de destino, sin embargo erraron el blanco. Los de la república lograron impedir que once embarcaciones cargadas de ilegales salieran de Nagua, de la Celata, de San Pedro de Macorís y de La Romana. Sin embargo Miches y Samaná habían quedado disipadas. Doscientos dominicanos fueron arrestados y apresados tres organizadores. A Samuel no le importó mucho el riesgo. Abandonó la cueva salada detrás del mangle en donde había construido su vivienda por tanto tiempo y le dijo al capitán: "Hoy estoy listo". El capitán había dicho, todavía no, muchacho, me debes, aún me debes mucho dinero para montarte. Cuando llegue a Puerto Rico pagaré, así será, respondió con la esperanza como única hipoteca.

El capitán, nervioso por todos los acontecimientos, quiso deshacerse de toda la prueba por un tiempo. Esa prueba incluía al niño contador. Se había dado un operativo secreto llevado a cabo en Sabana de la Mar por el nuevo Ministro de de las Fuerzas Armadas y el contralmirante de inteligencia naval y que incluía al Procurador General de la república criminalizando a los cerebros contrabandistas y dándole carácter de sentencia de muerte a quienes se atrevieran. Así que había que enfriarse por un ratito. El capitán se había montado con el grupo, lo que daba un margen de oportunidad de casi el 90% de éxito. No los enviaba solos, como en otras ocasiones, sino que esta vez fue con ellos para quedarse en la isla del encanto por unos meses.

El capitán había dado el visto bueno a Samuelito. Hicieron la travesía, se encontraron con otras embarcaciones en el camino. Vieron algunos cuerpos flotando sobre el agua y luego hundiéndose. Varios vomitaron, otros se marearon. Samuel, acostumbrado como estaba a la playa y el vaivén y lo salado, se sentía como en un segundo hogar. Justo antes de llegar, el capitán les repartió un bocadillo, no sin antes cobrarle más dinero por aquel lujo.

Llegado el momento, se encontró con el patrullaje de Playa Tereque y les explicó que el mal tiempo los había lanzado de Cabo Rojo hasta acá. Filiberto lo miró sospechoso. Vinicio caminó hasta donde Manena y consultó con ella. Luego regresó al capitán. El capitán sacó el fardo de dinero, arregló los asuntos, y tuvo aquella gente corriendo orilla adentro antes de lo que canta un gallo.

Vinicio le dijo que los que lograran correr y llegar a tiempo, podrían montarse en dos guaguitas que esperaban al otro lado de la playa con gente de confianza rumbo a Santurce. Tres muchachitos. El Raúl Baúl, el Carmelo Caramelo, y el Vitito Vito.

37

El olor a sargazo y a cangrejos me trae a la memoria mi casa en Samaná. El palo de mangle; la cueva. Una cueva con habitaciones de cal, una morada de piedra. Por fin estoy en otra tierra. Por fin piso una arena que se conecta con la arena del otro lado de la orilla, pero que es otra, que es otra que me dejará comer más a menudo, que me dejará esculpir. Que me permitirá buscar a mi padre y tener cuantas hermanas y hermanos me plazca, y en donde se harán realidad todos mis sueños. No tengo nada conmigo, excepto mis notas, mi crónica, mis números que cada madrugada daban testimonio de todos mis compatriotas que hasta acá se embarcaban. Extraño a Samaná, pero más extraño esto. Quiero esto. Quiero vivir esto.

Samuel observa los ojos de una criatura del espacio sideral, y sabe que está muy equivocado. En realidad, lo que parecen ser dos tallos que están creciendo en la parte superior de la cabeza son los ojos de un cangrejo. Visto desde el cielo estrellado de otra nación, el animal parece uno completamente distinto. Por medio de miles de facetas de la luz de la noche en cada pedúnculo, el cangrejo da la vuelta 360 grados alrededor. Detecta la altura a la que se encuentran el Sol y la Luna, y el más leve movimiento de éstos. Capturaba todos los cambios en el brillo de la luz tan imperceptibles como una variación de 2 por ciento. Samuel lo sabe, lo sabe por experiencia. Por eso se ciegan. La luz los hace detenerse si se les coloca de pronto y de repente.

El cangrejo puede asomar unos pedúnculos como si fuera un periscopio. Eso hace Samuel ahora, a medida que corre y se deja pasar por los compañeros. Quiere ir lento. Quiere escapar, pero quiere disfrutarse el escape. Recibe el llamado. Otro mangle. Frente a sus ojos y dirigido por el cangrejo periscopio. Samuel le agradece y acelera el paso. Mientras es rodeado por otras gentes que también entran a las ramas manglares, se da cuenta de que algo no cuadra. Busca el cielo. Busca las estrellas y los cuadrantes que sí se sabe, los fáciles: Casiopea, La Osa Mayor, Venus. De pronto encuentra a Afrodita. Está sentada sobre el árbol, como si fuera una extensión de rama. No quiere espantarla. Se esconde.

Afrodita se baja una vez cree ha pasado todo y que está sola. Se acerca a la rompiente y cierra los ojos. Evoca a la abuela y sueña todavía con los olores a batata, a aceitunas y a papas. Acto seguido, ya entrada en la playa, en las olas, escurre un chorrito ámbar de entre sus piernas, luego de haberse bajado el pantaloncito. Se acuclilla dejando atrás los panties de algodón verde menta, y marca el rastro de su esencia. Sale calientito. A Samuel le llega el olor a caliente. Afrodita ríe. Ríe tanto que su rostro de vendaval se queda grabado en la memoria de Samuel.

Finalmente la reacción del joven se vuelve cítrica, y llega hasta los orificios de la diosa. Agrios dulces. El olor limonado sobrepuesto que ahora emana el entorno de manera misteriosa, le hace saber a ella que alguien más permanece en los alrededores.

38

Karen. Autómata. La conciencia. Dios, ¿qué he hecho?

La cabeza le da vueltas y se siente mal y pide el día en el trabajo. En realidad pide varios días en el trabajo y que se los carguen por enfermedad. Humberto la ve salir antes de tiempo. Los ojos ajados, la mirada perdida. No sabe nada de nada, Humberto. No sabe que el reverendo ya lo sabe y que no parece querer hacer nada. Que le cogió miedo a la situación, que quiso lavarse las manos como Pilato. Karen apenas le saluda. Karen apenas respira. Frente al estacionamiento hay un edificio. En él mira a veces, en las mañanas o en las tardes, porque es vieja la estructura, tiene ventanas de madera de esas que abren y cierran con empujarlas. Tienen las ventanas filitas de maderitas rústicas horizontales. El marco parece inesperado. ¿Barroco, bizantino? Dentro se observan unas cortinas fuertes, gruesas, deben tener un temporal de polvo. Una figura anónima parece saludar a Karen desde el edificio.

Hoy el edifico es rojo. La luz de la tarde lo baña de un brillo naranja dulce, limón partido. Rojo. Rojo. Desde uno de los lados rojos, dentro de la sala roja, nota un cuadro. Dos. Tres. ¿A quién pertenece el ojo de mirada airada del tercer cuadro? Ese es un ojo que ha llegado a ser proverbial... es un ojo de halcón.

Karen tiene nauseas. Muchas. Comienza marcando el teléfono celular sin haber arrancado el vehículo. Suena una vez. ¿Por qué siempre tienen el halcón o el águila esa mirada tan fiera, o intrépida? Suena dos veces. En realidad, la "ceja" levantada que se toma por símbolo de intrepidez, es una protrusión ósea sobre la cuenca del ojo que le sirve de protección. No tiene nada que ver con la actitud, y el águila no puede cambiar su apariencia aun si quisiera. Suena tres veces. Cuelga. Estreda no quiere cogerle las llamadas. Es una verdadera imbécil. Debió de marcar "not available", para que él no supiera que era ella y tuviera que contestarle.

Vuelve a mirar al ave. Nota la forma estrecha de media luna en la parte izquierda del ojo. Es el tercer párpado del águila. La mayoría cierran el párpado inferior y superior solamente para dormir. El pestañeo se hace mediante pasar sobre el ojo una membrana transparente. El tercer párpado. Le importa un carajo el tercer parpado. Le importa un pito que el jodido halcón no pierda de vista la presa mientras pestañea. ¿Cómo pudo ella perder de vista a su presa?

Toc, toc en el cristal del carro. Mierda. Humberto.

Dime Humberto.

No quiero molestarte Karen, pero…

No tenemos nada que hablar Humberto, hoy no estoy bien y sinceramente no tengo ganas.

Él se la quedó mirando. Bajó la vista. Karen se disculpó.

Sólo quiero que sepas que sea lo que sea que necesites, o la ayuda que requieras, yo estaré encantado. Karen asintió. No dijo nada. Cuando trató de abrir la boca para decirle algo, comenzó a llorar.

Humberto abrió la puerta del auto, se arrodilló y la abrazó. No llores mi niña, todo pasa, ya verás.

Esto no, Humberto. Esto no. Lo empujó levemente, no era para tanto. Se sintió un poco rara y se despidió. Dio reversa al vehículo y salió del estacionamiento.

Humberto se quedó de pie observándola hasta que se hizo un puntito en el horizonte.

39

Vitito había pasado la prueba de la semana. Había transportado dominicanos por 250 dólares el viaje hasta Santurce. No estaba mal, no estaba nada mal. Lo había hecho montándose en alguno de los carros de Raúl o el de Caramelo. Él no tenía auto propio, pero con lo que ganaba, en una semana más podría comprarse uno. Dinero facilito, facilito.

Visitó la escuela a la que hacía días ni pisaba.

Lo hizo estrenando tela. Camisa nueva, mahones nuevos, nuevo recorte. Se acercó al grupo de muchachos y muchachas en donde se hallaba Sarita. Esperó a que su colonia nueva de Antonio Banderas hiciera efecto. Los consabidos comentarios en broma, el relajo, una que otra canción de Rubén Blades sobre que él era un muchacho plástico, de esos que veo por ahí... Sara muerta de la risa. Le encantaba verla reír. Pagaba por verla reír.

Dentro de un rato, cuando acabe la escuela, voy a hacerme una pantalla, anunció. Todos le aplaudieron y le cantaron un corito de Don Omar en un rap desentonado. Miró a Sara, que reía. Reía, dios mío. Me la como de un bocao.

Sara, me gustaría que me acompañaras a lo de la pantalla.

Sara dejó de reír y el grupo los miró tensos. No puedo hoy, tengo examen mañana.

Ah, bueno... Vito empezó a hablarse malo en la mente. Sin embargo, Sara continuó: Si lo dejas para mañana, puedo ir contigo.

Back in the game!

Dos días más tarde estaban ambos sentados uno junto al otro, en el centro comercial esperando el turno del piercing.

Entonces sí eres pentecostal.

Así es.

Jamás lo hubiera imaginado. Bueno, es que como te maquillas... yo pensaba que no. Y como te recortas la pollina.

Me maquillo a escondidas de mami y de papi.

¿Haces otras cosas a escondidas de mami y de papi?

Sonrieron. Mucho. Mucho rato. Le llegó el turno de la pantalla a Vito y le dijo: Este rotito que me hago se llamará Sara.

Ella iba a morirse. Vito le preguntó cuando era su cumpleaños. Octubre. Entonces quiero la piedra de octubre en mi oreja. Sara se ruborizó totalmente.

El maldito boquete dolió a lo bestia. A lo bestia. Mucho hielo.

40

Cuando Karen llegó esa tarde a su casa descubrió un ramo de rosas sobre la mesa. Se emocionó pensando que había podido ser el reverendo. Luego, cuando leyó la nota firmada por Humberto, su desilusión no había podido ser mayor. Kapuc le explicó que ella las había recibido, que un mandadero las trajo. Olor a chocolate, o algo por el estilo gesticuló Kapuc. Su madre no la pudo comprender del todo.

Trató todo el día de evitar al guardia de seguridad al teléfono. La llamó veinte veces. Sin embargo, entrada la tarde, a punto de concluir sus faenas en la casa— se había puesto a mapear— y lista para recostarse, el teléfono volvió a sonar. Era él otra vez.

Espero te hayan gustado las flores.

Sí, son muy bonitas, justo iba a llamarte para dejártelo saber, gracias.

No son tan lindas como tú, pero hacen su intento.

Humberto, yo preferiría dejar las cosas como están, sin ir más allá.

Lo entiendo, lo he tratado, pero es más fuerte que yo.

Deberás tratarlo más. Esto se hace cada vez peor de incómodo.

Un silencio atronador al otro extremo del auricular hizo comprender a Karen que lo había ofendido. Otra vez. Se mordió los labios; luego se convenció de que había sido lo mejor desalentarlo de ese modo.

Bueno, —pronunció él luego de un largo silencio. — que tengas buenas tardes y que descanses.

Al día siguiente Karen encontró nuevas flores sobre la mesa.

Descubrió dos cosas por el noticiario. Una. Que un grupo de emigrantes ilegales habían provocado una sonada persecución en altamar. Al menos 77 de ellos, en un botecito de treinta y cinco pies de eslora, perseguidos por la embarcación de la Guardia Costera. Habían sido interceptados por los oficiales luego de desviarse en su ruta de la República Dominicana a Puerto Rico. Algunos comenzaron a mover y a agitar machetes y un ancla en clara amenaza a las autoridades, luego de descubierto que la nacionalidad de los mismos no era exclusivamente dominicanos. Era lo que llamaban un viaje puente, en donde personas de Haití, Cuba y algunos orientales utilizan las costas de Santo Domingo como resorte para luego llegar a territorio puertorriqueño. La armada dominicana tuvo que interceder.

Dos. El reverendo Estreda fue ascendido a un cargo mayor y de mayores responsabilidades dentro del concilio del cual participaba.

41

"Toda casa tiene su constructor;
mas el constructor del universo es Dios".—*Hebreos 3:4*

Todos los demás planetas que los científicos han investigado están vacíos, sin gente. Pero la Tierra rebosa de vida, sustentada por sistemas complejos que dan luz, aire, calor, agua y alimento, todo en delicado equilibrio. Da indicación de haber sido construida especialmente para dar alojamiento cómodo a los seres vivos... como una casa magnífica.

Palabras contundentes y brillantes. Palabras con luz, como dirían por ahí. Palabras de una boca privilegiada. La boca de Miguel Ángel Gutiérrez las había disparado en una mañana que le cambió la existencia a Karen. Ella había caminado hasta la parada de guaguas a tomar el autobús que la llevara a la Yupi. Se había percatado días atrás que habían comenzado la reconstrucción de una casa antigua, con vías a conservarla como zona histórica y turística de las cercanías de Playa Tereque. El salitre se había comido los bordes de las ventanas y toda la masa muscular herrumbrosa de las verjas. Un "convoy" de tres muchachitos había sido asignado para la reconstrucción. Uno de ellos Miguel.

Miguel la había estado mirando desde hacía una semana. Sus pasos le habían dado la oportunidad en esos días para respirar mejor y para sentir de un modo diferente la vida. No era el único. A los tres muchachos les había llamado la atención el cuerpo caderoso y bien formado de Karen. Pero a Miguel le había calado tan hondo como el taladro que usaban sobre la acera.

Una de esas mañanas, en que Karen había paseado su mahón pegao alrededor de la paila de ladrillos y piedra, Miguel se encontraba cargando tan sincronizadamente los materiales, junto al caminar de la muchacha, que pareció demasiada casualidad.

Karen había reído muchísimo observando que él la observaba. Para no dañar sus zapatos ni su pantalón, se lanzó un tanto hasta la cuenca de la acera, y cuando descubriera una intercepción del paso con un plegoste de cemento y una cruzada de maderas, entonces la cuneta fue su salvación.

Ah, pero justo en la cuneta estaba Miguel paleando con sus fornidos brazos.

Habían sonreído y ella se había detenido. Miguel dijo algo lindo sobre la brisa de la mañana que ella siempre traía cuando pasaba. Ella le había preguntado datos sobre la reconstrucción y Miguel luego de demostrarle que era un hablador innato, le había dicho aquellas palabras que a Karen nunca se le olvidaron. Entonces Miguel había presentado a sus otros dos compañeros, que ya, a esas alturas, se babeaban por la diva. Carlitos, que era el empañetador, y Antonio, el albañil.

Karen por poco pierde el autobús ese día.

Dos semanas más tarde lo perdió.

Había estado levantándose más temprano para pasar más tiempo charlando con los muchachos. Eran buenos muchachos, muy orgullosos del trabajo de construcción que realizaban y lo expresaban de modo que todo el que les escuchara diera cuenta de tal orgullo. Ganaban buen dinero. Construir es un arte no revelado a muchos, decía Miguel siempre. Construir es como imitar a Dios.

Miguel era muy religioso. Karen se había dado cuenta. Lo había estado estudiando. Era un hombre atractivo, conversador y muy extrovertido. No tenía escuela, eso estaba en contra de lo que su madre quería para ella, pero tenía una fe muy fuerte en las cosas espirituales y así las hablaba. Contrario a ella que decía creer en Dios pero a ciencia cierta no sabía si creía o no. Y mucho no podía enterarse yendo a misa con su mamá, mascando chicle durante la homilía y prendiendo velitas rojas al fondo para que se cumplieran sus deseos. Igual los deseos nunca se cumplían.

De algún extraño modo percibía que Miguel era ese balance de las cosas esenciales que ella necesitaba. Que ella necesitaba. Ella lo necesitaba.

¿Nunca te maravillas al observar en fotos o en las películas las pirámides de Egipto o la Gran Muralla China? —decía el joven lleno de una euforia tan desquiciante como pegajosa.— Todas esas construcciones fueron hechas por gente como tú y como yo, ¿ves? Eso es lo que me maravilla de construir. Tomas un lugar vacío, en donde no hay nada. Nada. Y lo llenas con algo para que la gente viva o se entretenga.

Todo lo que salía por sus labios hacía sentido. Y todo lo que hacía sentido le daba palpitaciones a Karen. Y ese día su corazón palpitó tanto que perdió la guagua y llegó tarde a clases. Pero no le importó. Necesitaba a un hombre como Miguel en su vida.

Al día siguiente no lo vio. Se dio cuenta desde lejos, mientras contaba solo dos siluetas de hombres con pico y pala. Usualmente Miguel era el de la carretilla. La carretilla estaba vacía y solitaria hoy.

Miguel no viene, le dijo Antonio. Está enfermo. Carlitos se gastó una broma que hizo reír a Antonio y a Karen. Ella los saludó de modo cordial y continuó el camino.

Al otro día tampoco lo vio. Ni al otro.

Es que su primito, de un añito de edad, le pegó un catarro que no se le quita con nada. El pobre está grave, le informó otra vez Antonio.

Karen estuvo preocupada todo el trayecto en la guagua. Luego no se concentró en las clases. Algo le decía que aquella explicación de Antonio estaba mal, no encajaba. ¿Un nenito de un año contagiarle un catarro grave a un adulto?

Los sueños que tenía con Miguel a veces eran suficiente combustible para mantenerla ilusionada. Miguel príncipe. Miguel vaquero. Miguel pirata. Miguel astronauta. Karen reía en sus sueños al verlo con esos trajes extraños, pero en todos y cada uno de ellos él la besaba. Entonces ella se agitaba. Su corazón desembocaba en una catara con pulsares de agua bendita y ella creía con todas sus fuerzas que era posible que Dios lograra todo lo que uno quería. Despertaba del sueño, pero se quedaba con ese saborcito azucarado en la boca.

Hoy Miguel se sentía un poquito mejor, dijo Antonio, pero su primito murió del catarro. Están en el velorio y mañana estará en el entierro.

Antonio, le dijo Karen realmente preocupada, nadie se muere de un catarro.

De ese tipo de catarros sí. Ellos le llaman meningitis.

Dos días más tarde. Miguel también.

42

La conferencia de prensa comenzó. El cónsul dominicano contestó todas las preguntas. La tragedia había tomado un giro catastrófico concerniente a los 91 hermanos quisqueyanos que en la madrugada se habían ahogado cuando la yola zozobró frente a la costa de Cerro Gordo en Vega Alta y la Guardia Costera tenía arrestado al capitán de la embarcación.

Se hablaba de la intervención del FBI. Se decía que pedirían la pena capital para el traficante de vidas que inescrupulosamente había jugado con aquellas 91... y había perdido. La pena de muerte no bastaría.

A esa conferencia de prensa siguió la del reverendo, en la aceptación de la presidencia del concilio ecuménico. El hombre de Dios aprovechó para hacer una plegaria de descanso en paz por las almas de los dominicanos caídos en la tragedia.

Algo de repetitivo tenía su historia. Algo cíclico que no le gustaba. Karen se percataba de ello. No era bruta, todo lo contrario. De lo único que podía culpársele era de carecer quizás de un poco de sentido común al haberse metido con un hombre como el reverendo.

Pero su psiquis insistía en dejarle saber que aquello era una muy, muy mala repetición de su pasado.

La mañana en que se enteró de la muerte de Miguel, sintió que un ataque de pitón se le agarraba de las entrañas. El pitón mata apretando y comprimiendo su presa hasta que la sofoca. Karen apenas podía respirar. Antonio la acompañó en todo momento. La abrazó. Le tomó las manos. A veces era Carlitos el que intentaba consolarla, pero Antonio no se lo permitía por mucho tiempo.

Miguel Ángel Gutiérrez resultó ser todo un metodista practicante, comprometido con su congregación y comprometido también con María Luisa Pérez. María Luisa era la novia de compromiso de Miguel. Iban a casarse en junio próximo.

El escándalo tronó en el velorio cuando Karen levantó el velo de la caja fúnebre del difunto y le dio un beso en la boca.

En junio próximo los únicos que se casaron fueron ella y Antonio.

43

Cuando una libélula comienza a vivir, no hay ningún indicio de que llegará a ser una voladora tan consumada y atractiva. Después de eclosionar, la larva acuática permanece más o menos inmóvil en un estanque o un arroyo, a la espera de atrapar todo alimento que se ponga a su alcance. Tras mudar muchas veces la piel —durante varios meses o incluso años en el caso de algunas especies—, la larva sube trepando por un junco, donde se produce una extraordinaria metamorfosis.

Como esa larva, la piel de Karen se abre por el tórax, y poco a poco sale una libélula completamente formada. Lo mismo que a las mariposas, el insecto adulto, la Karen de ahora, que acaba de salir tiene que esperar unas pocas horas hasta que las alas se pongan rígidas y así comienzan una nueva aventura. En cuestión de días, su sabiduría instintiva le permite cazar y dominar las complejidades del vuelo.

Karen se había convertido en otra persona después de Miguel. La misma evolución se había llevado después de Antonio y su abandono. Dos hombres que se habían retirado de su vida, uno accidentalmente, otro de modo totalmente voluntario.

Karen, joven libélula se hizo una experta en cazar moscas al vuelo en términos románticos. Sus relaciones ni duraban, ni le interesaba que durasen. La insignificancia de todas sumadas no componía ni una sola importante. Se había asegurado de no llevar sus aventuras al hogar. Allí tenía dos niños. No podía hacerles eso.

Cuando conoció a José Enrique en la Coca, en medio de una gira del trabajo al Yunque, su vida se hallaba tan hueca como tan oscura. Él fue todo un caballero. Toda una libélula macho. Se habían sentado compartiendo una roca incidentalmente— él estaba de gira con otro grupo— y ella había preguntado por las hermosuras del paisaje.

El constructor del universo es Dios, como dice en Hebreos 3:4.

Muchas libélulas machos marcan los límites de pequeños territorios, que patrullan celosamente. ÉL acababa de marcar ése. Virtuosidad, espiritualidad, celo, oratoria. José Enrique tenía todo aquello, y encima era algo tímido. Estoy estudiando para Pastor, le había dicho. Lo que no le dijo hasta seis meses más tarde fue su estatus marital. Era casado.

Muchos científicos evolucionistas consideran que las libélulas son los insectos voladores más antiguos. —le dijo Petronila la tarde en que Karen le habló de él. — En Francia se descubrió el fósil de una impresión de las alas de una libélula cuya envergadura era de 75 centímetros. Se trata del mayor insecto conocido jamás: es tres veces mayor que cualquiera de las libélulas existentes.

Es una libélula macho, mamá, es como yo pero mi antitesis. Lo quiero para mí. Quiero que José Enrique sea ese insecto gigante del que hablas.

Si lo quieres para ti, será tuyo. Sólo tienes que ser cautelosa, cielo, conocerlo. No hace falta que alguien te diga que está estudiando para Pastor únicamente para que creas que es buena persona. ¿Acaso no lees las noticias?

Karen no le había hecho caso.

Dos días más tarde fueron a un motel.

Las libélulas han logrado colonizar casi todo lugar del globo terráqueo. Hacen su hogar junto a los lagos alpinos, los pantanos ecuatoriales, el clima tropical y hasta las piscinas de las afueras de las ciudades.

He visto enjambres de libélulas en una playa tropical de África en un documental, así como a las solitarias libélulas llamadas "emperador" patrullar sin descanso su estanque europeo favorito. Me equivoqué. Me he equivocado tanto. Y cuando crucé en canoa un frondoso cañón de las Filipinas, en un sueño, me escoltaron brillantes libélulas, que incluso se posaban sobre mis brazos desnudos, mi vientre lleno de vida que se mueve. Mi vida está llena de solitario y de premios de consolación.

Soy una libélula. Soy una de las máquinas voladoras más complejas de la Tierra. Impresionan por su elegancia y belleza, más que por sus dotes para el vuelo. Su presencia da un brillo especial a los estanques y las riberas. Son las joyas ideales: soy una joya. Invaluable. En mi sueño soy una esmeralda, pero nadie me quiere. Nadie. No puedo terminar con otro premio consolación.

Dirijo de vez en cuando, las alas hacia abajo y proyecto, mi cuerpo hacia arriba en dirección al sol. Adopto esta postura para refrescarme, me canso. Estoy cansada. No puedo más.

La libélula extiende las alas horizontalmente en reposo. Alas sobre su cuerpo. Engrandece su abertura de hembra… entonces expulsa un feto de tres meses de gestación.

44

El reverendo, cuya intervención sobre el tema de los indocumentados se debía a lo sonado de la última tragedia, había expresado a los medios que su intención primordial era ayudar a que los ilegales dejaran el espiritismo, ya que esta práctica era la principal causante de las desdichas en altamar.

Los reporteros lo seguían a todos lados, por su polémica posición ante lo que acontecía en la isla. Debido a ello, y a que un chismólogo televisivo amenazara con anunciarle una amante a un conocido religioso del país, José Enrique decidió terminar su amorío de casi cinco años con Karen.

No la dejó en la indigencia con su situación tan delicada. Se había ofrecido a pagar por la "solución". Manena había ido hasta las oficinas del reverendo a buscar el cheque, que excedía el costo de la intervención como si fuera un gasto de reparación por daños y perjuicios. Quiso escribirle una carta de despedida, pidiéndole perdón por los errores cometidos, pero temiendo que la carta fuera a parar a la prensa, desistió de la idea.

Manena acompañó a Karen durante todo el proceso. Marcaron el teléfono que canturreaban todas las emisoras de radio del país para esos casos. Karen entregó su responsabilidad del festival playero a otra persona. Se mantuvo en cama los días siguientes, pasando el dolor de la matriz. Nena, tú lo que necesitas es un buen dominicano que te quiera. —le dijo Manena una vez pasó la peor parte. Karen se había reído muchísimo.

Kapuc había descubierto una nueva mezcla de hedores en su madre, que combinada con la delicadeza de salud de los últimos días, le dio un mapa bastante claro de lo que ocurría. Nunca preguntó nada. Se hallaba impregnada de preocupación y rabia en medio de pestilencia a metálico y a batata en podredumbre. La batata, el olor de la abuela, de su mamá y de ella misma, se había podrido dentro de Karen y Kapuc lo sabía. Bien que lo sabía.

Se retiró de ella y le permitió a Manena cuidarla sin su intervención, sin molestarla.

Soñaba. Soñaba con peces de cuadrante y tablón, que cargaban maletines en mano y que portaban salvavidas atados al gaznate. Con diez mil aves y reptiles que se orientaban gracias al campo magnético terrestre, y que daban la vuelta al cuello para dejarse olfatear. Soñaba con aquel imán.

La atraen de nuevo hasta la orilla, baila con una trucha arco iris, con un delfín; ahora también baila con un joven de piel de china y de manos de limones. Pulsaciones que siguen la trayectoria, el recorrido de los hombres y mujeres que escapan todavía y que llevan en sus orejas pantallas hechas con el hocico de los cangrejos. Palancas gigantescas que hablan un lenguaje mudo y de señas universal. El joven también le habla en señas.

PERIÓDICO PRIMERA HORA
Jueves, 19 de agosto de 2004
Difícil legalizar el status a los que llegan en yola.

La alta marejada del canal de la Mona dicta el rumbo de sus vidas. Con ella se esconden de los vigías de las autoridades, pero cuando se extravían, las mismas aguas se ocupan de ponerlos bajo el velo de la muerte.

Del mismo modo, el trato humano a los indocumentados dominicanos queda matizado por el rechazo y la marginación.

Algunos roban para comer y muchos de sus compatriotas les cierran las puertas de sus hogares por temor a enfrentar a las autoridades.

A pesar de que cientos continúan eludiendo la vigilancia, la guerra que ha emprendido el presidente de Estados Unidos, George W. Bush, contra el terrorismo luego de septiembre 11, ha cambiado las "reglas del juego". Legalizar su status nunca ha sido una encomienda fácil, pero ahora el sueño estadounidense de una mejor vida parece inalcanzable para los navegantes de yola.

Las estadísticas de detenciones en alta mar y dentro de las líneas fronterizas del país reflejan una intensificación en la vigilancia y las investigaciones inmigratorias cuentan con sistemas más sofisticados de cotejo.

"Con la creación del Departamento de Seguridad Interna, las medidas de seguridad han aumentado, lo que ha hecho a las agencias del orden público bajo su sombrilla mucho más eficientes para llevar a cabo la misión principal, que no es otra que evitar otro atentado terrorista en Estados Unidos y sus territorios, claro está, protegiendo nuestras fronteras de las drogas y el tráfico humano", aseguró el portavoz del Servicio de Inmigración y Aduana.

En lo que va del año, las autoridades federales, en muchas ocasiones asistidas por policías estatales, han detenido a más de 9,000 dominicanos en alta mar y en el país. Solamente en el cruce marítimo se ha intervenido con alrededor de 6,600 inmigrantes y otros 2,884 dentro de las líneas fronterizas.

Por años, las autoridades federales han mantenido una estrecha comunicación con militares dominicanos, particularmente con aquellos adscritos a su Marina, para redoblar la vigilancia y el patrullaje en las costas y el Canal de la Mona. Se han identificado unas 15 empresas criminales especializadas en el contrabando humano.

Hay un cuento dando vueltas por ahí, que dice que de St. Marteen a Puertorro hay un puente. Los capitanes de yola les aseguran a los dominiqués que los llevaran a St. Marteen y de allí ellos deben tomar el puente que los lleva hasta la isla. —dijo Vinicio mientras compartía un cigarrillo con Filiberto.

La noche los estaba haciendo esperar de más. El navío que debía entrar esa madrugada por Playa Tereque no aparecía.

Hay todo tipo de cuentos dando vueltas por ahí, Vini. El otro día me contaron de un dominique ilegal que fingió ser cubano, y cuando lo descubrieron en la lancha, los traficantes quisieron cobrarle más dinero para guardarle el secreto. Lo mataron a garrotazos cuando se negó. Le jendieron la cabeza al pobre.

Luego discutieron la noticia esa del periódico sin llegar a un acuerdo entre ambos. Pasadas unas horas la yola por fin apareció. El capitán se excusó por no haber llamado. Habían confrontado turbulencias, se habían caído unos cuantos y varios tiburones habían hecho fiesta. Encima él había perdido el celular por el oleaje.

Baúl y Caramelo esperaban en las dos guaguas al otro lado de la orilla, como siempre, lejos del navío, la carrera y los matorrales. Vitito no había aparecido esa noche. Nadie sabía de él.

Kapuc contó sesenta y siete. Hizo sus anotaciones en la libreta que había comenzado a llenar con otro lápiz. Había tenido que darle explicaciones a Humberto y había tenido que excusarse por confundirse en días pasados. Con gesticulaciones de manos y la telepatía acostumbrada entre ella y su árbol, le contó lo de su mamá. Quiso permanecer tranquila pero alguna que otra salinidad se le escapó de los ojos. No llores, le dijo el árbol. No llores, le repitió. Ya verás cómo todo va a salir bien.

La presencia cítrica hizo aparición, claramente consternado por el llanto de la muchacha. Ahora que la playa permanecía desierta de toda operación ilegal, se dejó ver un poco. En un reflejo corto, por instinto, se conmovió ante el sufrimiento de Kapuc. La miró a la cara. A los ojos. Entonces echó a correr.

Una de las maravillas del mangle es que, pasada la arena y entrando casi a la orilla, hay una laguna de color turquesa. A mayor distancia de la costa, el mar es de color azul oscuro, y a manera de barrera entre el mar profundo y la laguna de color más claro hay un arrecife coralino donde rompen las olas y forman una guirnalda de blanca espuma. De modo que desde el aire Playa Tereque parece una joya colocada en un joyero de color turquesa.

Kapuc recorrió el joyero.

Tan pronto vio al muchacho correr, se bajó de la enramada y lo siguió. Siguió los chispetazos de arena que él iba dejando entre huellas, pero no bajó la velocidad. Corrió detrás del joven, corrió con toda su alma. No sabía a ciencia cierta por qué lo hacía, pero un grito, nada sordo, desde el fondo de su pecho, desde el fondo de su garganta, le exigía correr y no dejarlo. No lo dejes, no lo dejes, síguelo.

El muchacho se dio cuenta de que Kapuc lo perseguía demasiado tarde. Casi se había dejado igualar en la vereda.

Cuando la vio, apretó el paso. Corrió más fuerte. Entonces ya varias millas más lejos, entró a una cueva.

Kapuc vio la entrada de la cueva y se detuvo. No iba a entrar ahí. El miedo pudo más que ella y se detuvo a tomar aire.

Miró en derredor. El viento le trajo voces de chorreras pluviales. Olió el río al otro lado. Ese era el río por donde desaparecían los documentados. Ese era el río que los protegía y que no permitía que los federales los arrestaran.

La cueva. Echó hacia atrás. Observó la gran piedra que le servía de acústica a lo que sucedía dentro. ¿Había llegado tan lejos para ahora echarse atrás? ¿Retrocedería?

Minutos más tarde el joven asomó la cabeza. Kapuc no supo por qué, pero le sonrió. El muchacho también le sonrió y le mostró el lápiz rosa. Levantó la otra mano y la llamó. Kapuc suspiró hondo.

45

Sara lloró demasiado. Demasiado. Y no había sido tanto por el dolor. Había roto la confianza de sus padres. Había roto su promesa de permanecer casta hasta el matrimonio.

Vitito estaba de cabeza por ella. Vamos a casarnos, le dijo.

Vamos. Contestó.

Cuando los compinches se enteraron le preguntaron si se había vuelto loco. ¿Loco por qué? Si ahora tengo mi carrito, un trabajito en donde me gano buenos chavos, la nena que siempre quise pa' casarme. Loco estás tú, loco de envidia, mamao.

Raúl había echado hacia el frente con intenciones de darle. Carmelo se interpuso. Trató de hacerlos entrar en razón y trató más que nada de dejarle saber a Vitito que estaba en un error.

¿Un error porque ella es dominicana? ¡Chorro de hipócritas! —Vitito les gritó que deberían sentir vergüenza. Raúl le gritó de vuelta, haciendo otra vez alarde de romperle la boca, que el avergonzado debería ser él.

Vito se largó en su auto nuevo. Iba furioso.

Vergüenza. Vergüenza le daban otras cosas. Vergüenza le daba vivir donde vivía y hacer lo que hacía traficando gente. Vergüenza le daba su hermana. Entonces se acordó de aquel día.

Vitito había tenido que escoltarla hasta la consulta del médico del barrio porque a Kapuc le sangraba una pierna. Pero tan pronto la había visto comenzar el diálogo grosero aquel con las manos, se había enterrado la gorra sobre la cabeza intentando pasar de incógnito, como si con eso pudiera detener el episodio. ¡Cuanta vergüenza le daba que hablara ella como retardada mental! Entonces, sin que Kapuc lo notara, se había escabullido sigilosamente y se había marchado de allí, dejándola sola.

Viajó en guagua de la AMA hasta la madriguera de Raúl Baúl, en donde a veces desmontaban vehículos y los vendían poco a poco en piezas para que nadie pudiera rastrearlos.

Eso también era vergonzoso. Y ese hijoeputa de Raúl era un comecaca profesional.

46

Durante los días que siguieron al reconocimiento de la cueva de Samuel, ambos muchachos entablaron un modo de relacionarse curioso. Como Kapuc no le hablaba, Samuel tampoco le hablaba. La había estudiado lo suficiente como para saber que era una muchachita silenciosa, que no era lo mismo que retraída, puesto que con gestos y señalamientos intentaba transmitirle todos los mensajes posibles.

Samuel hacía lo mismo. Le señalaba cosas, le hacía muecas, gesticulaba con las manos. La mayor parte de su comunicación se dio dibujando, o escribiendo palabras claves. Galletas significaba que tenían hambre, y usualmente cuando esto sucedía Kapuc sacaba alguna lonchera que había traído de la casa. Jugar significaba irse afuera a chapotear, recorrer la orilla, caminar por las piedras, aguantarse de no caerse. Humberto significaba correr hasta el mangle y treparse al árbol. El primero que se subiera empujaba al otro, que casi nunca se caía de la rama.

Ambos dibujaban con acuarelas. Unas que le había regalado su madre a Kapuc. Eran expertos en ello. En las pinturas Kapuc colocaba a Humberto florido de jueyes y cocolías, y al fondo colocaba los ojitos humanos de una presencia que se detectaba pero que no era posible discernir en el cuadro. Samuel continuaba con aquel olor a Humberto, olor a cítrico, olor a mangle. Mientras la tonada de "Doña Ana no está aquí, está en su vergel, abriendo la rosa y cerrando el clavel..." daba vueltas en la mente de Kapuc, Samuel erigía una escultura de arena mostrándole a ella el otro lado de la orilla, donde a lo lejos, en otra isla, también se escondía un manglar. Uno en donde él había estado contando.

Disfrutaban del arrecife de coral. En ocasiones, si había luna y la playa se prendía, y ya habían terminado de llegar los documentados porque estaba a punto de amanecer, se echaban a nadar. Veían rocas perforadas. Un coral como resultado de las labores arquitectónicas de muchas generaciones de diminutas criaturas marinas. La colonia de coral, los hogares abandonados de una generación previa. La medusa y la anémona de mar. Sus pólipos, de forma semejante a la jalea, succionando la casa, chupándose el hogar. El otro extremo es la boca de la criatura que se abre por la noche en un fleco de tentáculos pequeños. Se estiran y se alimentan del plancton que sube a las aguas de la superficie. Cada pólipo edifica una cubierta protectora. Cierta clase de apartamento individual secretado por su propia piel exterior.

Con números infinitos que Samuel insiste estos menudos arquitectos poseen en acción hombro a hombro, ellos edifican hacia arriba hacia el Sol. Año tras año, siglo tras siglo. El arrecife les enseña su verdadera cara. Plantas marinas, algas alojadas, esponjas... Todas participan en aglutinar la estructura. Una manzana de apartamentos submarinos.

Mambrú se fue a la guerra, que dolor que dolor que pena. Mambrú se fue a la guerra y no sé si volverá, que do re mí, que do re fa... ♫

Ahora dibujan a Humberto con lápices de carbón. Samuel siempre coloca a Kapuc tendida y trepada en las ramas. Ella no puede evitar pintar únicamente los ojos del muchacho en la penumbra. Cómo lo recordaba de la primera vez. Le dijo sobre la charla de la abuela Petronila antes que esta muriera. A nadie le había contado nunca de esa charla. A nadie le hablaba de esas cosas. Nadie le había prestado nunca esa atención.

Recuerda como la abuela se eñangotaba en la orilla de la playa. Recuerda como se hallaba ella haciendo lo mismo el día que Samuel la sorprendió. Se miran. Es tan extraño lo que sucede que se distancian.

Esa mañana él durmió en la cueva junto al pinche de ropa con el que Kapuc se recoge el cabello.

Los oídos de un saltamontes están situados en sus patas delanteras. Kapuc se mira sus "patas delanteras". Estira los brazos. Sabe que en el animal son muy sensitivas las ondas de sonido. Su abuela le dijo ese último día que "un saltamontes en Moscú puede 'oír' temblores causados por un terremoto en las costas del Pacífico." Así eres tú, mi niña. Usa los recursos de la acústica natural como medio para proyectar tus palabras.

La abuela y su sabiduría.

47

Karen regresó al trabajo. Regresó a su vida. Le pidió a Manena que dejara de darle consejos idiotas.

Humberto no volvió a molestarla. Había tomado como malo el alejamiento de ella. Era mejor así. Que se lo creyera. Karen tenía cosas más importantes que hacer. Por ejemplo, averiguar en qué pasos andaba su hijo, ahora que tenía carro nuevo y que había comprado una nueva nevera para la casa. Para nada le había creído lo del aumento de sueldo en el taller de mecánica, no con lo tacaño que era el dueño. En algo tenía que andar, y si lo descubría vendiendo drogas Karen juraba darle una pela hasta hacerlo sangrar por cada orificio. Eso no era el ejemplo que ella les había dado. La decencia se aprendía desde chiquitos, y Karen entendía que se la había enseñado a ambos lo suficiente. ¿O acaso no? Además, tenía el derecho de corregir conductas. Era la madre de ambos, aunque últimamente hubiera estado ausente.

Esa tarde en la casa, cuando le preguntó él le contestó de nuevo que era un aumento de sueldo. Karen le dijo abiertamente que no le creía. Vitito le dijo abiertamente que no le importaba.

Si estás en drogas te juro…

No estoy en drogas, así que no jures. — tomó las llaves de su auto y se marchó. Karen se quedó pensativa. Nerviosa. Encendió un cigarrillo.

Kapuc se sentó a su lado.

¿Qué he hecho mal?— preguntó. Su hija bajó la cabeza. —¿Acaso he hecho algo mal? Dímelo, mamita. Dime. ¿Qué he hecho mal?

Kapuc le hizo el gesto de manos que significaba "nada".

Fue la primera vez que su madre no le exigió que vocalizara.

48

Kapuc le enseñó todos los juegos cantados que se sabía esa noche. Al principio le dio vergüenza, porque imaginaba que su voz sonaba mal. Pero Samuel le impartió tanta confianza que se atrevió a vocalizarlos todos.

Se, se, se. Se murió Lola. Que Lola lo lamento. Que mento, mentosán. Que San, San Germán, que man, Manatí ♪

Son bari ari, ari, ari. Son bari ari, ari son ♪

El juego de la vaca ya empezó, ia, ia iouuuuuuu. Esta muy bueno, sí señor, ia, ia iouuuuuuu ♪

A la alimon, a la alimon, el puente se ha caído... ♪

Esa madrugada, montados ambos sobre Humberto —ella todo lo visible de siempre y Samuel más camuflado para no ser encontrado— no contaron ni un solo documentado. No vieron llegar ni uno.

Sin embargo, de camino a la cueva, en donde Samuel prometía encontrarían una culebra de mar, un bulto tirado sobre la arena llamó su atención.

Inicialmente no se movieron. Luego, fueron acercándose. El bulto respiraba. Fue Kapuc quien primero se dio cuenta del relieve de sus costillas. Samuel descubrió con recelo parte del rostro y el cabello. Tenía golpes, moretones, y portaba un tatuaje algo disparatado en la muñeca. El tatuaje era en forma de árbol.

A modo de un águila africana gigante, — de aquellos cuentos de los libros de la abuela—, Kapuc y Samuel lo rodearon y luego se le acercaron descendiendo. Aterrizaron en la pequeña pista de su frente y sus ojos cerrados. Samuel caminó hasta el agua y le roció unas gotas, pero el bulto no se movió. Kapuc le hizo señas para que buscaran agua potable. Imposible. Si se iban los dos a buscarla alguien podría encontrarlo, meterlo preso o repatriarlo. Si se iba uno, el otro quedaba en una posible situación peligrosa.

Decidieron arrastrarlo entre los dos hasta la cueva. Allá había jugos y galletas, por si recuperaba el conocimiento y le daba hambre. ¿Y si se muere?, le preguntó Kapuc. Samuel le hizo señales de que no debían pensar en eso ahora. Ella tuvo dudas. Él le pidió que confiara.

De camino a la cueva, encontraron pencas de palma y lo colocaron sobre ellas para que no se hiciera daño. Lo arrastraron poco a poco hasta llegar. Un bote hecho trizas color azul, daba contra la orilla.

Por la mañana, antes del amanecer, el hombre despertó. Pareció desconcertado. Desorientado. Luego se puso feliz, feliz de saberse vivo. Bebió y comió lo que los muchachos le convidaron y antes de irse les dio un beso y un abrazo a cada uno. Les hizo llorar. Samuel trató de que ella no lo viera, pero fue imposible. A lo lejos, la muñeca con el tatuaje de árbol les decía adiós.

Acá, cerca, Kapuc le dijo a Samuel que él no podía seguir viviendo allí. En la próxima redada de federales podían llevárselo. Había sido afortunado que hasta ahora no se había vuelto a dar ninguna.

¿Irme a dónde?

Kapuc lo meditó por largo rato. Luego tomó una decisión.

49

Lluvia. El aire caliente se trae una carga húmeda condensada. Vapor. Ascendente. Se enfría. Comenzaron pequeñas gotas de agua. Luego la precipitación.

Abuela Petronila siempre decía que la lluvia se produce cuando las gotas de vapor de agua condensado caen y crecen por agregación e impacto con las gotas de agua más pequeñas de nubes más bajas, hasta que alcanzan un peso superior al empuje del aire ascendente y caen en forma de lluvia.

La otra teoría era del abuelo, explicaba ella. Las agujas de hielo que se forman en las nubes superiores debido a las bajas temperaturas que se dan en lo alto de la atmósfera, caen en el curso de los movimientos de ascenso y descenso a que están sujetas, y cuando lo hacen, se funden en gotas de agua al pasar por corrientes de aire más caliente. La preciosa lluvia.

Sin importar cuál fuera, Kapuc llegó empapada.

Su madre no se dio cuenta. Veía televisión.

Noticiario de las cinco. Uno de cada diez dominicanos muere tratando de llegar Puerto Rico, decía la reportera. Una muestra de cámara de una playa en Cabo Rojo y la ampliación de la información. Uno de cada diez dominicanos que se embarca en travesías a Puerto Rico en busca de una vida mejor muere en su intento de alcanzar sus costas, según informes de la Organización Internacional para las Migraciones (OIM). En días recientes se confiscó un video de naufragio de dominicanos con escenas desgarradoras gracias a la pronta acción del U.S. Coast Guard. La imagen muestra cómo un grupo de indocumentados dominicanos intenta sostenerse al zozobrar la embarcación en que viajaban.

Los Guardacostas presumen que en la embarcación viajarían entre 30 y 32 indocumentados. De estos 13 fueron rescatados con vida y luego repatriados a República Dominicana. Mientras que el resto del grupo, se presume, desapareció en el mar. En el video se puede ver el momento en que la frágil embarcación, que se encontraba en el Canal de la Mona a unas a tres millas del islote de Desecheo, se voltea y cómo las personas que viajaban a bordo trataban de forma desesperada de sostenerse para no morir ahogados. También se puede ver cómo agentes del Servicio de Guardacostas lanzan chalecos salvavidas para ayudarles. Para información más detallada no deje de visitarnos en Univisión Online punto com.

Karen cerró los ojos después de ver aquello. Sintió una extraña pena que la embargaba. Miró a sus espaldas y se dio cuenta de que Kapuc la miraba con los ojos mojados. Y que sus ojos, no era lo único mojado que tenía.

Baby, ¿qué sucede? ¿Quieres decirle algo a mami? Kapuc le dijo que sí. Entonces le contó.

50

El sonido pasa de la ventana oval al oído interno. Ese es el que desarrolla la función acústica. Allí se encuentran los tres canales semicirculares que, colocados en los tres planos del espacio, permiten mantener el equilibrio y la coordinación. No obstante, es en el caracol donde en realidad empieza la función acústica.

El caracol de Kapuc no servía. O quizás fueran sus tres conductos, o sus canales llenos de fluido, o vacío de fluido, o a lo mejor no estaba bien enrollado en espiral su concha de caracol. A lo mejor no tenía vértices o espirales. A lo mejor había perdido sensibilidad vibratoria.

Sin importar lo que fuera, Kapuc le dejó saber a su mamá que ella era sorda. No escuchaba. Sí podía hablar de vez en cuando. Sí podía vocalizar y leer labios, pero su lenguaje principal era con las manos. Era con los ojos. Era con el olfato.

Tienes que aceptarlo mamá, tienes que hacerlo porque será mejor para ambas. Será mejor para ti. Será mejor para mí.

Se abrazaron.

Ahora tengo un favor que pedirte, mamá.

51

Humberto puso pan en la tostadora. Sacó jamón y queso de la nevera y se paró frente a la ventana de su departamento. Era un apartamento de subsidio, muy bonito, que daba a la plaza. Al gozar del beneficio de subsidio el mismo, siendo bastante caro de pagar, solo requería de Humberto el pago del 25% de la renta. Lo cual era un buen negocio, y lo cual se puede conseguir una vez se logra la legalización en el país.

Para legalizarse había distintas formas. Humberto había utilizado una de las alternas, puesto que no había querido casarse con nadie, y puesto que no tenía familia en la isla. Había ahorrado mucho dinero haciendo chivitos, trabajos de construcción y otras menuncias, para sobornar a algún oficial y que le diera, luego de muchos años de sacrificio, su tarjeta verde.

Las tostadas salieron y Humberto no giró la cabeza de la ventana. Abajo en la plaza, jugaban unos niños con los cabellos largos y despeinados por el viento. El viento estaba fuerte hoy. En ocasiones el barrunto de la orilla llegaba hasta la plaza y enton-ces el viento se ponía romántico con el sargazo y las palmeras. Se ponía romántico y rudo, y despeinaba todo lo que encontraba, como ahora despeinaba a los chiquillos.

Fue a la cocina y le untó mantequilla al pan tostado. Luego lo unió al queso y al jamón. Comiéndoselo de un platito en cerámica que le evitaba dejar migajas en el suelo alfombrado, Humberto regresó a la ventana. Encontró unos viejitos que recién llegaban y que le hicieron señas para que bajara. Iban a jugar do-minó y siempre lo habían invitado.

Uno de los viejitos llevaba una gorra de capitán sobre el cabello canoso cobrizo. Lo cual le hizo recordar su travesía en altamar hacía escasamente dieciocho años atrás. También recordó a Higüey, de donde había salido y desde donde sus familiares más cercanos, padre, madre, hermanas, le habían dicho adiós con las manos prometiendo encontrarse con él muy pronto en Mayagüez. Sus familiares, ninguno, había llegado al país, y por supuesto, tampoco quedaba uno vivo de vuelta en República Dominicana. En algún punto entre el Canal de la Mona y las playas boricuas los había perdido. A todos.

Suspirando se dio cuenta de que abajo en la plaza, caminaba una mujer cuyo cabello despeinado le recordaba las rosas en primavera. Su corazón se dejó ir como caballo salvaje. La había engañado. Para tenerla, y Dios, ¡como deseaba tenerla!, le había mentido descaradamente suponiéndose ganador. Suponiéndose vencedor de etnias.

Sin embargo allí estaba. Marchó entre la ventisca camino a su hogar, mirando hacia arriba y viéndolo asomado en la ventana. Humberto quedó petrificado y no le sorprendió que el timbre sonara.

Al abrirle la puerta quiso tomarla entre brazos, pero se contuvo.

Necesito tu ayuda, le dijo Karen.

La tienes—contestó él. — ¿Qué necesitas?

Ella condujo en silencio, de vuelta a su casa. Él iba de pasajero, estudiándola, olfateándola. Quiso tocarla para descubrir que no se trataba de un sueño. Pero no lo era. Humberto ya se había pellizcado.

Al llegar a la casa de Karen, ambos se bajaron del auto. Anduvieron hacia el balcón que daba acceso a la puerta de entrada. Antes de llegar a él, la puerta se abrió y Kapuc salió corriendo a su encuentro. Cuando Humberto la vio recordó a la misma muchachita indefensa que él había encontrado perdida. Sólo que estaba vez estaba más grande en tamaño, con el cabello más largo. Cuando estuvieron cerca, Kapuc lo abrazó profundamente. Siempre era así con él. Siempre le agradecía aquel acto, para ella heroico, de haberla regresado con su familia.

Detrás de Kapuc venía caminando un joven, de aproximadamente la misma edad que ella. Karen lo tomó de la mano y lo colocó más cerca de todos.

Humberto, te presento a Samuel.

Hola, Samuel.

Mucho gusto señor Humberto.

52

Corren con desespero. No desean mojarse por la lluvia. Han salido de la limosina y los aplauden. Yo también aplaudo y nos metemos todos en una carpa blanca en donde nos espera un juez. Aplaudo con todas las fuerzas de mi corazón. Sus pasos a veces se detienen no por mucho tiempo; Vito la ayuda a que no se caiga, a que sea cuidadosa con la barriga. El velo se mueve con la playa. La playa como timón fosforescente de un barco, con un rumbo forrado de azules brújulas, de huellas de un buque que en medio de la oscuridad navega el arenal. El arenal hecho pedazos, levantado en vilo, destrozado con huellas de todo tamaño. Con huellas llenas de invitados.

Mi vista amplifica el entorno y destapa el radio de operación como si yo estuviera desde un aeroplano; el bosque de mangles como toda una selva. Siempre verde, siempre salada en el fondo. El árbol manglar también de invitado, también de testigo.

Sara y Vitito se acomodan en sus respectivos lugares para comenzar con la ceremonia. Están los padres de la novia, sus hermanos, mi madre, los dos Humbertos, Samuel, Carmelo, Manena, Vinicio, Filiberto y otros más. Raúl es el padrino. Le sonríe a Vito. Vito le sonríe de vuelta. Entre los tres han abierto un negocio de reparar gomas. Reciben mercancía de otros países. Están haciendo buen dinero con eso. Manena y Vinicio les ayudan a establecer clientela. Esa misma noche Carmelo y Raúl se harán responsables del negocio, puesto que abre en horario extendido y ya que el boss no estará, ellos se harán cargo. Nunca hemos entendido eso del horario de la madrugada mi madre y yo, pero en cinco días, cuando lleguen de Cancún, Sara y Vitito volverán a tomar las riendas y las responsabilidades que vienen ejercitando desde hace unos meses atrás.

La barriga de Sara está a punto de estallar, aunque únicamente tenga cuatro meses de embarazo. Detrás de los novios, viene caminando el primer hijo de ambos, mi sobrino adorado. Está cargando los anillos. Se ve hermoso en su tuxedo y mira curioso la enorme carpa de lujo que se ha colocado en la playa para la boda.

Humberto y mi madre están tomados de la mano. Se han visto muy frecuentemente desde que Samuel se mudara a vivir con el guardia de seguridad. No se hacen llamar novios, pero a veces les descubro oliendo a chocolate. A cada uno.

He regresado a la escuela. Pienso terminar la superior y quizás asistir a la universidad. Se me hace difícil, porque no hay tantos traductores y los maestros no saben lenguaje de señas, pero al menos, mientras lo escriban casi todo en la pizarra me siento conforme. Además, en mi misma escuela han matriculado a Samuel y este me sirve de intérprete en muchísimas ocasiones.

Al manglar poco lo visito. Con mi nuevo horario escolar se hace muy cuesta arriba. Sin embargo los fines de semana trato de siempre treparme, aunque ya no documento. Ya no puedo. Duele demasiado. Así que antes de la madrugada ya me he bajado. Sólo me quedo para ver la luna, y la luna sale en ocasiones temprano, recién en el atardecer.

Samuel a veces me besa. A veces lo hace en mi boca. Me toma de la cara y me enseña a cantar canciones infantiles en silencio, en mi mente, sólo con la lengua, abriendo y cerrando la boca y deseando que el contacto nunca termine.

Yo me lo disfruto. Sobre todo porque descubro que el olor a chocolates también sale de mi cuerpo cuando estamos abrazados.

A modo de final

Había sido una noche sumamente oscura. Después lo empeoró el que la luna no hubiera llegado. Sin luna y sin nubes aquel momento se marcó. Antonio caminó remeneándose al son de salsa. Acera abajo. El letrero de neón de La Escalinata en Santurce todavía chirriaba al prender y apagar de modo intermitente. A pesar del mucho merengue que había bailado adentro, no podía sacar de su mente otra melodía, y no era precisamente tropical.

Se detuvo. "La rueda más hermo... Saaa. Que hay en Puerto Ri...Cooo. Daremos un brinqui...Tooo. Caracolito de la mar, que te quedaste sin bailar..." A veces, muy pocas veces por cierto, extrañaba a sus hijos, en especial a la nena. ¡Cuanto había disfrutado aquella canción de niños con su nena, aún cuando ella todavía podía escucharla! Caracolito le decía él. Caracolito, repetía ella. El encargado de los juegos infantiles en el hogar siempre había sido Antonio, a orgullo en pecho. Una pena que ya no. Una verdadera pena.

Antonio siguió bailoteando en la acera, y caminó unos pasos más hasta que fue detenido por un dúo de compadres. Ellos no estaban bebidos, contrario a él. Estos peculiares personajes le pidieron todo lo que traía encima. Cadena, sortijas, dinero. El que habló mostraba curiosamente el tatuaje de un árbol en la muñeca derecha. El final de esa muñeca era un puñal.

"Óyeme Tigre, danos todos los cheles, pues. Y el reló. Dale, dale."

Mareado como se hallaba por el último palo de La Escalinata, Antonio no pudo coordinar bien. Entregó la cadena y el reloj, pero cuando intentó sacar la cartera para entregar lo que le quedaba de los cupones que el Departamento de la Familia le había entregado hoy en un cheque —que él había cambiado en el banco— supuso que quizás no era tan buena idea.

Mejor idea era luchar por lo que era suyo. Aquel derecho se lo había ganado él con el gobierno de turno, y no se lo iba a arrebatar nadie, mucho menos un extranjero.

Dio un zarpazo con la mano y vio una estrella que cruzó el cielo a gran velocidad. Pero no escuchó llegar la jauría de perros bravos que se acercaron tan pronto su nena salió del agua. Tropezó con la orilla roja que se abría en su costado y formó un gran chapoteo. Algunas estrellas se apagaban de repente. Sí, desaparecían; y cuando expresó su extrañeza al firmamento, apuntándolo con el dedo índice de Kapuc, sintió el primer par de colmillos clavados de la parte inferior de sus pies, subiendo por sus rodillas, calentándole las caderas, el costado, un pulmón. De pronto supo que había ocasionado un agujero en el universo.

Yolanda Arroyo Pizarro fue premiada como Escritora Puerto-rriqueña del Año 2016 en Literatura Queer por el Centro LGBT de PR. Ha publicado libros que denuncian y visibilizan apasionados enfoques que promueven la discusión de la afroidentidad y la sexodiversidad. Es Directora del Departamento de Estudios Afropuer-torriqueños, un proyecto performático de Escritura Creativa con sede en la Casa Museo Ashford, en San Juan, PR y ha fundado la Cátedra de Mujeres Negras Ancestrales, jornada que responde a la convocatoria promulgada por la UNESCO de celebrar el Decenio Internacional de los Afrodescendientes. Ha sido invitada por la ONU al Programa "Remembering Slavery" para hablar de mujeres, esclavitud y creatividad en 2015. Su libro de cuentos Las negras, ganador del Premio Nacional de Cuento PEN Club de Puerto Rico en 2013, explora los límites del devenir de personajes femeninos que desafían las jerarquías de poder.Caparazones, Lesbofilias y Violeta son algunas de sus obras que exploran la transgresión desde el lesbianismo abiertamente visible. La autora ha ganado también el Premio del Instituto de Cultura Puertorriqueña en 2015 y 2012, y el Premio Nacional del Instituto de Literatura Puertorriqueña en 2008. Ha ofrecido conferencias en Ghana, Africa, FIL Guadalajara de México y Casa de las Américas en Madrid, España. También ha sido Escritora Invitada para NYU, Vermont University, Florida State University y la Universidad de Pennsylvania. Ha sido incluida en la plataforma TED Talk como conferenciante educativa con la charla magistral "Y tu abuela, ¿a dónde está?" Su obra se ha traducido al alemán, francés, italiano, inglés, portugués y húngaro.

Made in the USA
Columbia, SC
29 August 2022

66261972R00087